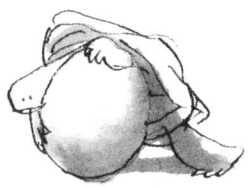

Hans Hagen

Jubelinchen und ihre Oma

Antonia
Reinhard

Hans Hagen

Jubelinchen und ihre Oma

Mit Zeichnungen von
Philip Hopman

Urachhaus

Aus dem Niederländischen von Ingela Sjögren
Die niederländische Originalausgabe erschien
unter den Titeln *Jubelientje en haar liefste oma* und
Jubelientje legt een ei bei Uitgeverij Van Goor
in Amsterdam.

ISBN 3-8251-7201-5

Gesetzt nach den Regeln der Rechtschreibreform von 1996
Erschienen 1998 im Verlag Urachhaus
© 1998 Verlag Freies Geistesleben & Urachhaus GmbH, Stuttgart
© 1991 und 1995 Hans Hagen
Illustrationen: © 1995 und 1997 Philip Hopman
Umschlagillustration: Philip Hopman
Umschlaggestaltung: Walter Schneider
Druck: WB-Druck, Rieden

Inhalt

Das Etagenbett

Jubelinchen verbringt mit ihrer Oma ein paar Tage
in einem Wochenendhaus.
Und Dirk darf mit.
In einem der Schlafzimmer steht ein Etagenbett.
»Ich will oben schlafen«, sagt Jubelinchen.

»Ich auch«, ruft Dirk.

»Sie ist meine Oma«, sagt Jubelinchen. »Darum bestimme ich.«

Und sie wirft ihren Koffer auf das obere Bett.

Dirk denkt kurz nach.

»Wer zuerst oben ist«, sagt er dann und klettert schnell die Leiter hinauf.

Er wirft Jubelinchens Koffer auf das untere Bett.

»Rühr meine Sachen nicht an«, ruft Jubelinchen. »Komm da runter!«

»Nein, ich war zuerst da, also darf ich hier auch schlafen.«

Dirk zieht sich die Decke über die Ohren.

Oma kommt herein.

»Das ist aber ein schönes Zimmer«, sagt sie.

»Ich glaube, ich schlafe dort oben im Etagenbett. Geht mal zur Seite.«

Jubelinchen und Dirk schauen sich überrascht an.

Oma im Etagenbett?

Aber das geht doch nicht.

Sie wollen dort schlafen!

»Was ist denn los?«, fragt Oma.

»Findet ihr es so komisch, dass ich mein Bett zurechtmache?«

»Ich wollte da schlafen«, sagt Dirk.

»Und ich auch«, mault Jubelinchen. »Das ist ein Kinderbett.«

»Aber wenn ihr euch streitet, schlafe ich dort oben«,
brummt Oma. »Wir bleiben nur zwei Nächte.
Also jeder schläft einmal oben und einmal unten.
Und jetzt Schluss damit!«
»Einverstanden«, sagen Jubelinchen und Dirk
schnell. Stell dir vor, Oma legt sich wirklich ins
Etagenbett ...

Jubelinchen schläft die erste Nacht oben.
Sie kann mit den Füßen die Zimmerdecke
berühren.
Dirk tritt von unten gegen ihre Matratze.
Sie schaukelt von links nach rechts, als säße sie in
einem Boot.
Erst ganz spät schlafen sie ein.
In der Nacht rutscht die Bettdecke auf den Boden.
Durch die Kälte wird Jubelinchen wach.
Noch halb schlafend schwingt sie die Beine
über die Bettkante. Sie will die Bettdecke aufheben.

Und dann plumpst sie aus dem Etagenbett.
Bums!!
Der Boden zittert.
Die Tür fliegt auf.
»Was ist los?«, ruft Oma.
Sie sieht Jubelinchen auf dem Boden liegen und
kniet sich neben sie.
»Hast du dir wehgetan, Kind?
Bist du gefallen?«
»Moaaahh …«, seufzt Jubelinchen.
Sie schläft schon wieder.
»Wach auf«, sagt Oma.
»Jubelinchen, Kind, steh auf. Ich kann dich doch
nicht ins obere Bett heben, wenn du schläfst. Du
bist viel zu schwer.«
»Moaaahhh …«, seufzt Jubelinchen wieder.
Und so fest Oma sie auch schüttelt, sie öffnet ihre
Augen nicht.
Oma schiebt Dirk ein Stückchen zur Wand.
Sie hebt Jubelinchen auf und legt sie neben Dirk.
Danach klettert sie die Leiter hinauf
und legt sich ins obere Bett.
»Hab ich doch noch bekommen, was ich wollte«,
kichert sie.
»Was für ein Glück, dass Jubelinchen
aus dem Bett gefallen ist!«

Die Aufkleber

Jubelinchen schiebt den Einkaufswagen
durch den Supermarkt.
»Sollen wir Bohnen oder rote Rüben essen?«,
fragt Oma.
»Lieber Lauch«, sagt Jubelinchen.
Oma legt eine dicke Stange Lauch auf die Waage.
»Du musst sie in eine Tüte stecken«, sagt
Jubelinchen.
»Nein, ich brauche ja nur eine Stange.
Wenn du auf die Tasten drückst, dann
kommt der Aufkleber von selbst.«
»Das weiß ich.«
Jubelinchen drückt auf die Taste mit dem Lauch.
Und dann auf die blaue Taste rechts unten.
Bzzt ... Der Aufkleber kommt heraus.
Sie klebt ihn auf die Lauchstange.
»Was passiert, wenn man einfach so auf die Tasten
drückt, wenn nichts auf der Waage liegt?«
»Ich weiß es nicht, versuch es mal.«
Jubelinchen drückt auf die Taste mit der Rübe
und dann auf die blaue Taste.
Bzzt.

Oma nimmt den Aufkleber.

»Rüben, null Pfennig«, liest sie. »Das ist billig.«

»Nochmal«, sagt Jubelinchen. »Ich sammle
Aufkleber.«

»Ich habe eine bessere Idee«, sagt Oma.

»Ich hole die restlichen Sachen und du wiegst
inzwischen die Äpfel und die Apfelsinen ab.«

»Wie viele?«

»Och ... zehn Apfelsinen und acht
von diesen roten Äpfeln!«

»Babyleicht!«

Jubelinchen sucht schöne, glänzende Äpfel aus.
Sie legt die volle Tüte auf die Waage
und will gerade auf die Taste drücken.
Aber dann hat sie eine bessere Idee.
Sie nimmt die Tüte wieder von der Waage, legt
einen Apfel darauf und drückt auf die Taste.
Bzzt!
Der Aufkleber kommt heraus und Jubelinchen
klebt ihn auf den Apfel.
Dann legt sie den zweiten Apfel auf die Waage.
Und den dritten und den vierten ...
Jeder Apfel bekommt einen eigenen Aufkleber.
Und dann sind die Apfelsinen an der Reihe.
Sie spielt, dass sie einen eigenen Laden hat.

»Klappt es?«, fragt ein Herr, als sie fast fertig ist.

»Ja«, sagt Jubelinchen, »ich bin schlau, nicht?«

»Ja, sehr schlau«, meint der Herr. »Darf ich jetzt
mal, ich habe nicht so viel Zeit wie du.«
Jubelinchen lässt den Herrn vor.
Als sie gerade bei der letzten Apfelsine ist,
kommt Oma.
»Kind, was machst du denn da?«
»Wiegen!«, sagt Jubelinchen. »So bekommt man
viele Aufkleber.«
»Tja ...«, sagt Oma erstaunt. »Da hast du Recht.
Zumindest spart man dabei zwei Tüten.
Leg alles in den Wagen, dann gehen wir zahlen.«
Jubelinchen hüpft zum Ausgang.
Der Junge an der Kasse ist nicht gerade erfreut.
Er seufzt tief und lässt alle Äpfel und Apfelsinen
Stück für Stück an dem Piepser vorbeigleiten.

Das Fotoalbum

Jubelinchen schlägt das Fotoalbum auf.

»Wer ist das?«

»Das bin ich«, sagt Oma, »und das ist Opa Bert.«

»Opa Bert?«

Jubelinchen muss lachen.

»Du machst Spaß!

Das ist ein Mädchen.

Es hat ein Kleid an.«

»Nein, wirklich«, sagt Oma.

»Es steht ja unter dem Bild: Bert, 1927.

Er war damals erst drei Jahre alt.«

»Warum hat er ein Kleid an?«, fragt Jubelinchen.

»Ach, das war früher ganz normal«, sagt Oma.

»Viele kleine Jungen trugen Kleider.

Vor allem auf Fotos.«

»Aber warum denn?«

»Tja, warum? Schwierige Frage.

So war das damals eben.

Blätter mal weiter.«

Jubelinchen blättert weiter.

Zwischen den Seiten liegen durchsichtige Blätter,
die ein bisschen knistern.

»Warum haben die Blätter denn Spinnweben?«,
fragt sie.

»Keine Ahnung«, sagt Oma.

»Du willst auch wirklich alles wissen!
Sollen wir weiterblättern?«

Auf den ersten Seiten des Albums sind nur
Schwarzweiß-Fotos eingeklebt.

Mit schön gezackten Rändern.

Weiter hinten beginnen die Farbfotos.

»Warum haben die keine Zacken?«, fragt
Jubelinchen.

»Woher soll ich das wissen?«, seufzt Oma.

»Schau, das ist ein Foto von deiner Mama.
Einen Tag ist sie da alt. Ist sie nicht goldig?«
»Hast du auch ein Foto von mir?«, fragt
Jubelinchen.
Oma blättert weiter.
Sie findet ein Foto von Jubelinchen, als sie gerade
geboren war.
»Was für ein goldiges Baby, nicht wahr?«, sagt
Jubelinchen.
»Goldig schon, aber auch ein bisschen langweilig«,
antwortet Oma.
»Langweilig?«, ruft Jubelinchen.
»Ja, du konntest noch gar nichts, nur schlafen,
trinken und heulen. Jetzt kannst du zumindest
schwierige Fragen stellen und ...«
»Was sind schwierige Fragen?«
»Tja«, seufzt Oma, »das ist eine schwierige Frage.«
Sie denkt kurz nach.
»Schwierige Fragen, das sind Fragen, auf die ich
nicht sofort eine Antwort weiß, zum Beispiel ööm ...
die Frage mit den gezackten Rändern.«
»Ach, aber das weiß ich schon«, sagt Jubelinchen.
»Das habe ich mir selbst eben ausgedacht.
Früher hatte man noch keine geraden Linien!«
»Ach«, sagt Oma, »das wusste ich nicht.
Und warum haben die dünnen Blätter
Spinnweben?«

»Och … damit die Fotos nicht aus dem Buch fallen,
denn Spinnweben sind klebrig, da klebt alles dran
fest!«

»Ach ja«, lacht Oma, »was bist du schlau.
Soll ich uns einen Tee machen?
Willst du lieber ein Plätzchen oder ein Stück
Schokolade?«

Jubelinchen denkt angestrengt nach.

»Das ist aber eine schwierige Frage«, sagt sie dann.

»Warum?«

»Ich kann mich nicht entscheiden, Oma.
Kann ich nicht beides haben?«

Die letzte Lakritze

»Köstliche Lakritze, nicht wahr?«, sagt Oma.
»Und ob«, murmelt Jubelinchen mit voll
gestopftem Mund.
»Herrlich!«
Sie essen eine ganze Schale Lakritze: Sie nehmen
beide immer abwechselnd eine.
Aber Jubelinchen nimmt jedes Mal heimlich zwei.
Oma merkt es sowieso nicht, glaubt sie.
Die Lakritze ist jetzt beinah alle.
Nur noch ein Stück liegt in der Schale.
»Die ist für mich«, sagt Jubelinchen.
Sie will die Lakritze nehmen, aber Oma zieht
schnell die Schale weg.
»Die letzte ist für mich.
Ich habe es ganz genau gesehen:
Du hast immer zwei auf einmal genommen.
Du schummelst.
Und außerdem hast du einen Lakritzschnurrbart!«
»Aber ich mag nun einmal so gerne Lakritze«, sagt
Jubelinchen.
»Ich auch«, antwortet Oma, »vor allem die letzten,
denn die schmecken am besten.«

»Aber ich bin dein Gast«, sagt Jubelinchen, »und
Gäste dürfen zuerst.«
»Genau«, lacht Oma.
»Du durftest zuerst und ich darf zuletzt.«
Das Telefon klingelt und Oma nimmt den Hörer ab.
»Hallo Trude, wie geht's dir?«
Jubelinchen läuft zum Spiegel.
Zunge und Zähne sind pechschwarz.
Und die Spucke auch.
Sie bläst kleine schwarze Blasen.
Und dann sieht sie – im Spiegel – die Schale
mit der Lakritze auf dem Tisch stehen.

Wenn ich sie aufesse, kann ich bestimmt noch
schwärzere Blasen machen, denkt Jubelinchen.
Ich ... ich zähle bis zehn. Wenn Oma dann noch
immer telefoniert, nehme ich sie einfach.
Sie fängt an zu zählen.
Eins ...
zwei ...
drei ... (Jubelinchen läuft zum Tisch)
vier ...
fünf ... (Oma merkt nichts)
sechs ...
sieben ... (Oma spricht immer noch)
acht ...
neu-eun ...
(Jubelinchen zieht die Schale zu sich herüber)
ZEHN!

Jubelinchen steckt die Lakritze blitzschnell in den Mund und fängt kräftig an zu lutschen.

In diesem Moment legt Oma den Hörer auf.

»So«, sagt sie, »und jetzt die köstliche letzte Lakritze ...«

Überrascht schaut sie auf die leere Schale.

Und dann zu Jubelinchen.

»Jubelinchen, wo ist die letzte Lakritze?«

Jubelinchen traut sich nicht, Oma in die Augen zu schauen.

»Das ist gemein«, ruft Oma.

»Pfui Teufel!

Nimm deine Jacke!

Wir gehen in den Laden.

Wir kaufen Lakritze.

Eine große, eine ganz große Tüte Lakritze!«

Jubelinchen strahlt.

Lakritze?

Noch mehr Lakritze?

»Lecker«, ruft sie.

»Das könnte dir so passen«, brummt Oma.

»Ich kaufe eine Tüte letzte Lakritze und esse sie alle alleine auf.«

»Kriege ich gar nichts?«, fragt Jubelinchen enttäuscht.

»Nein, nur die erste«, sagt Oma.

»Und alle letzten sind für mich!«

Polizei

Jubelinchen und Dirk rennen aus dem Geschäft.
Sie springen ins Auto und schlagen die Tür mit
einem lauten Knall zu.
»Langsam«, ruft Oma.
»Wenn eure Finger dazwischenkommen, sind sie ab.«
»Dann kleben wir sie halt wieder dran«, lacht
Jubelinchen.
»Mit Tesafilm.
Oder mit Popel!«
Sie gibt Dirk einen Schubs und rollt dann auf die
Seite.
Quietschend vor Lachen stürzen sie sich aufeinan-
der.
Als Oma losfährt, knallen sie mit den Köpfen
gegeneinander.
»Au!«, rufen sie beide gleichzeitig.
»Das kommt davon«, sagt Oma.
»Jetzt seid aber ruhig!
Gleich geht das Geheule wieder los.«
Aber Jubelinchen und Dirk hören nicht.
Sie rollen über den Boden, beißen sich gegenseitig
in den Po und quietschen vor Freude.

An der Ampel dreht Oma sich um.
»Kinder, ihr macht mich ganz nervös.
Gleich passiert noch etwas!«
»Grün«, ruft Jubelinchen.
»Fahr, Oma!«
Oma gibt Gas und Jubelinchen knufft Dirk in die
Seite.
Sie springen auf dem Rücksitz herum, als wäre er
ein Trampolin.
»Runter mit den Köpfen!«, zischt Oma plötzlich.
»Warum?«
»Polizei!

Wir werden verfolgt.
Lasst euch nicht blicken.«
Jubelinchen und Dirk verstecken sich
zwischen den Bänken.

Mucksmäuschenstill warten sie, was passieren wird.

Es ist furchtbar spannend.

»Hörst du die Sirene?«, flüstert Dirk.

»Scht!«, zischt Oma.

»Sie schauen in unsere Richtung.«

»Werden wir wirklich verfolgt?«, fragt Jubelinchen ängstlich.

Sie will aus dem Fenster schielen,

aber sie traut sich nicht.

»Bekommen wir jetzt einen Strafzettel?«

»Ich glaube nicht«, lacht Oma.

»Wir sind beinah zu Hause.«

Sie bremst und parkt das Auto direkt vor der Tür.

»Hält die Polizei auch?«

»Schau selbst«, sagt Oma.

»Ihr könnt herauskommen.«

Jubelinchen klettert vorsichtig auf die Rückbank.

Sie schaut die Straße entlang.

Kein Polizeiauto ist zu sehen.

»Sie sind weg«, sagt sie überrascht.

»Wie kommt das denn?«

»Hihihi … ich habe bloß Spaß gemacht!«, kichert Oma.

»Da war gar kein Polizeiauto.

Aber ihr wart so in Fahrt.

Ich musste mir etwas ausdenken,

damit ihr still seid.

Es war doch spannend, oder nicht?«
Jubelinchen und Dirk nicken.
»Das Auto steht«, sagt Oma, »jetzt könnt ihr euch
balgen.
Aber Finger weg von den Knöpfen, verstanden!«
Sie nimmt die Einkaufstasche und schlägt
die Tür zu.
Jubelinchen und Dirk bleiben still auf der
Rückbank sitzen.
Nach einiger Zeit steigen sie aus.
Sie haben überhaupt keine Lust mehr
herumzutoben.
Wenn es erlaubt ist, macht es keinen Spaß mehr …

Eine Katze mit einem Glöckchen

Jubelinchen macht mit ihrer Oma und der
Spielzeugente Krackie einen Abendspaziergang.
Sie hüpft vor Oma her.
Plötzlich bleibt sie mitten auf dem Weg stehen.
»Oma, schau mal«, flüstert sie.
»Wohin?«
»Der Mann da.
Ein Vogel sitzt auf seinem Kopf!
Ist das aber toll!«
»Ja, das ist toll«, lacht Oma.
»Aber das ist nicht so schwer.
Das kannst du auch.«
»Ich?«, fragt Jubelinchen ungläubig.
»Wie denn?«
»Du musst genau das machen, was der Mann auch
macht.
Ganz still stehen bleiben und die Arme ausbreiten.
Wenn du dich nicht bewegst, kommen die Vögel von
selbst.«
»Wirklich?«
»Das siehst du doch.«
Jubelinchen setzt Krackie kurz auf ihren Kopf.

»Kitzelt es, wenn einem ein echter Vogel durchs
Haar spaziert?«
»Ich glaube schon«, sagt Oma.
»Der Mann hat natürlich nicht umsonst einen Hut
auf.«
»Aber was macht er, wenn es ihn am Bein juckt?«
»Kratzen!«, sagt Oma.
»Aber wir können ihn ja fragen. Vorsichtig,
sonst verscheuchen wir noch den Vogel.«
Jubelinchen steckt Krackie in die Tasche.
Fast ohne ein Geräusch zu machen, schleicht sie
zwischen den Erdbeerstauden hindurch.
Als sie beinah bei dem Mann ist, bleibt sie plötzlich
stehen.

»Das ist ja gar kein Mann«, ruft sie.

»Das ist bloß eine Puppe!«

Erschrocken fliegt der Vogel vom Hut.

»Reingefallen«, sagt Oma.

Jubelinchen pflückt eine dicke Erdbeere und geht zu der Puppe.

Jetzt sieht sie, dass sie eine zerrissene Hose und eine alte Jacke anhat.

Der Kopf ist aus einem alten Jutesack gemacht.

Und sie trägt eine verspiegelte Sonnenbrille mit einem gesprungenen Glas.

»Warum steht sie hier?«, fragt Jubelinchen, während sie noch eine Erdbeere pflückt.

»Sie muss die Vögel verjagen«, sagt Oma.

»Es ist eine Vogelscheuche.«

»Eine Vogelscheuche?«

»Ja, wenn die Vögel sie sehen, trauen sie sich nicht, von den Erdbeeren zu naschen.«

»Aber der Vogel hat sich doch einfach auf ihren Kopf gesetzt.«

Jubelinchen pflückt drei große Erdbeeren und schaut sich die Puppe noch einmal genau an.

Sie sieht überhaupt nicht zum Fürchten aus.

»Wem gehört sie?«

»Ich glaube, dem Bauern, der in diesem Haus dort wohnt«, sagt Oma.

»Wir gehen mal hin«, sagt Jubelinchen.

»Die Vogelscheuche taugt nichts.
Ich weiß etwas viel Besseres, womit man die Vögel
verjagen kann.«
Und sie stopft sich den Mund voll Erdbeeren.
Jubelinchen drückt lange auf die Klingel.
Im Bauernhaus bellt ein Hund, aber niemand öffnet.
»Oma, hast du ein Stück Papier?
Und einen Stift?
Dann können wir
dem Bauern
einen Brief schreiben.«
Oma holt ein sauberes
Tempotaschentuch heraus.
Ganz unten in der Tasche findet sie einen Stift.
»Was soll ich schreiben?«
»Bauer, kauf eine Katze!«, sagt Jubelinchen.
Bauer, kauf eine Katze, schreibt Oma.
»Und weiter?«
Jubelinchen denkt kurz nach.
»Eine Katze mit einem Glöckchen«, sagt sie dann.
»Liebe Grüße, Jubelinchen.«
»Ist das alles?«, fragt Oma.
Jubelinchen nickt.
*Eine Katze mit einem Glöckchen, liebe Grüße
Jubelinchen*, schreibt Oma.
Jubelinchen faltet das Taschentuch zusammen und
wirft es in den Briefkasten.

Dann gehen sie denselben Weg zurück.
Krackie darf noch einmal in die spiegelnde Brille
der Vogelscheuche schauen.
Und Jubelinchen pflückt noch eine Hand voll
dicker, roter Erdbeeren.
Vor dieser Puppe braucht sie keine Angst zu haben.

Das Naschgespenst

Jubelinchen steht auf einem Stuhl vor der Anrichte.
Sie backt Plätzchen.
Jubelinchen manscht die Butter und den Zucker
durcheinander.
Hin und wieder leckt sie die Gabel ab.
»Sehr gut«, sagt Oma nach einer Weile.
»Nimm den Quirl, dann schlage ich ein Ei dazu.«
Jubelinchen stellt den Mixer an und rührt das Ei
in den Teig.

Als sie damit fertig ist, schleckt sie noch einmal.
»Bah, es schmeckt nicht mehr so gut wie vorher.«
»Der Teig ist auch noch nicht fertig«, sagt Oma.
»Das Mehl muss noch hinein.«
Vorsichtig löffelt Jubelinchen das Mehl in die
Schüssel.
Sie probiert auch ein bisschen davon, aber das
trockene Mehl schmeckt nach nichts.
»Machst du den Teig fertig?«, fragt Oma.
»Ich hole inzwischen die Förmchen aus dem Keller.«
Jubelinchen stellt den Quirl auf die höchste Stufe.
Die Stäbe rattern gegen den Rand der Teigschüssel.
Das Mehl wirbelt herum.
Als alles gut durchgeknetet ist, hebt Jubelinchen
den Quirl hoch.
Aber sie vergisst, ihn erst auszuschalten.
Ui!

Die Klumpen fliegen in alle Richtungen.
Jubelinchen wischt und leckt alles auf.
»Lecker«, murmelt sie.
»Es schmeckt schon nach richtigen Plätzchen.
Vielleicht sogar noch besser.«
Sie steckt den Finger in die Schüssel und
schleckt ihn ab.
Und noch einmal.
Und noch einmal.
Und bevor sie es merkt, ist die Schüssel
ratzeputze leer.
Sie erschrickt.
Das wollte sie nicht.
Wenn Oma das sieht, wird sie böse.
Oh, da kommt sie schon.
Schnell stellt Jubelinchen sich vor die Schüssel.
»Bist du fertig?«, fragt Oma.
»Zeig mal, wie es geworden ist.«
Langsam geht Jubelinchen zur Seite.
»Die Schüssel ist leer!«, ruft Oma.
»Ja«, flüstert Jubelinchen.
»Da kam ein äh …
Da kam ein Gespenst vorbei …
Ein unsichtbares Gespenst.
Und dann …
Und dann war die Schüssel plötzlich leer …
»Nein, das ist überhaupt nicht komisch«, sagt Oma.

»Ich kenne das Naschgespenst.
Ich habe mir gleich gedacht, dass es alles
aufessen würde.
Darum durftest du erst ein bisschen Naschteig
machen.«
Oma wiegt erneut Butter und Zucker ab
und gibt sie in die Schüssel.
»So, und jetzt rühren«, sagt sie.
»Das Naschgespenst hat jetzt einen vollen Bauch.
Jetzt können wir mit den richtigen Plätzchen
beginnen. Niemand darf davon naschen.
Das verstehst du bestimmt?«
Sicher versteht Jubelinchen das.
Was für ein Glück, dass Oma noch an Gespenster
glaubt!

Der lose Zahn

»Ich bin zuerst der Zahnarzt«, sagt Jubelinchen.
»Der Spiegel gehört mir.«
Sie kippt die Lehne des Liegestuhls nach hinten.
»Nehmen Sie bitte Platz.«
Dirk öffnet den Mund.
Und Jubelinchen steckt den kleinen Spiegel hinein.
Sie schaut sich sein Gebiss von allen Seiten an.
»Sie haben keine losen Zähne«, sagt sie dann.
»Alle sitzen fest …«
»Pfast pfu pfenn pflose Pfähne?«, murmelt Dirk.
Er kann schlecht sprechen, denn sein Mund ist
voller Finger.
»Was sagen Sie?«, fragt der Zahnarzt.
»Hast du denn lose Zähne?«, fragt Dirk.
»Ja, mein Schneidezahn.
Ich bekomme 50 Pfennig, wenn er herausfällt.
Mein Herr, ich bin fertig.
Wollen Sie ein Bonbon?«
»Das gilt nicht«, sagt Dirk.
»Beim Zahnarzt bekommt man keine Süßigkeiten.
Das ist schlecht für die Zähne.«
»Aber es ist gut für die Fäule!«, sagt der Zahnarzt.

»Für die Fäule?«
»Ja, dann kann ich das nächste Mal
so richtig schön bohren.«
Dirk steigt vom Stuhl.
»Jetzt bin ich der Zahnarzt.«
Er fummelt mit dem Spiegel in Jubelinchens
Mund herum.

»Sie haben braune Zähne, Fräulein.«
»Das ist Honigkuchen«, murmelt Jubelinchen.
»Ich muss sie noch putzen.«
Dirk klopft vorsichtig gegen den losen Zahn.
»Pass auf!«, sagt Jubelinchen.
»Jaja.«
Dirk hält den Zahn vorsichtig fest.
Aber Jubelinchen mag das nicht.
Mit einem Ruck zieht sie den Kopf zurück …

»AU!«
Und dann hält Dirk plötzlich einen Zahn
in der Hand.
Jubelinchen springt auf.
Sie fühlt mit der Zunge.
Eine Lücke!
Es schmeckt süß.
Es blutet!
Jubelinchen rennt zu ihrer Oma.
»Oma, Oma, Dirk hat meinen losen Zahn heraus-
gezogen!«
»Gar nicht wahr«, ruft Dirk.
»Sie hat es selbst getan.
Sie hat plötzlich den Kopf zurückgezogen.
Es war nicht meine Schuld!«
»Mach mal den Mund auf«, sagt Oma.
»Stimmt, er ist weg.
Gratuliere.
Jetzt bekommst du 50 Pfennig, weißt du noch?
Wo ist der Zahn?«
»Ich weiß es nicht«, sagt Jubelinchen.
»Ich auch nicht«, sagt Dirk.
»Ich habe ihn fallen lassen.«
»Wir müssen ihn finden«, sagt Oma.
»Dann legen wir ihn in eine kleine Schachtel,
für später. Alle Mann suchen!«
Auf den Knien kriechen sie durchs Gras.

»Ich hab ihn«, ruft Dirk nach einer Weile.
Er hält den Zahn in die Höhe.
»Ist es wirklich meiner?«, fragt Jubelinchen.
»Das siehst du doch«, ruft Dirk.
»Da klebt ja noch Honigkuchen dran.«

Nebel

Jubelinchen starrt aus dem Fenster.
Die Welt ist grau.
Die Wolken schlafen auf der Erde.
Es ist neblig.
»Was sollen wir machen?«, fragt sie.
»Malen«, sagt Oma.
Sie nimmt den Malkasten und legt zwei weiße
Blätter auf den Tisch.
»Wer am richtigsten zeichnen kann!«
»Von mir aus«, sagt Jubelinchen.
Aber eigentlich hat sie gar keine richtige Lust.
Sie steckt den Stift in den Mund und schaut
verträumt hinaus.
Es ist nichts zu sehen.
Sogar die Bäume auf der anderen Straßenseite sind
verschwunden.
Es ist, als hätte der Nebel alles ausradiert ...
»Hast du noch nicht angefangen?«, fragt Oma.
»Ich bin beinah fertig.«
Oma malt einen Vogel mit einem langen Schwanz.
Jede Feder bekommt eine andere Farbe.
»Solche Vögel gibt es gar nicht«, sagt Jubelinchen.

»Doch«, sagt Oma.

»Ich habe so einen schon einmal gesehen …«

»Wo denn?«

»Na ja … im Garten, früher, da gab es dich noch
nicht.

Du musstest noch geboren werden.«

Und Oma malt eifrig weiter.

Ab und zu guckt die Spitze ihrer Zunge ein bisschen
heraus.

Jubelinchen will gerade anfangen, als sie ein leises
Geräusch hört.

Sie schaut auf.
Ein großer Klecks Vogeldreck läuft an der
Fensterscheibe herunter.
Ein ekliger, langer Streifen zieht sich
über die Scheibe.
Plötzlich hat Jubelinchen eine Idee.
Sie zeichnet einen Fensterrahmen aufs Papier und
oben links einen braunen Streifen.
»Fertig!«, ruft sie kurz darauf.
»Das kann doch gar nicht sein«, sagt Oma.
»Du hast gerade erst angefangen.
Zeig mal her.«
Jubelinchen hält ihr Bild hoch.
»Was soll das denn sein?«, fragt Oma.
»Das Papier ist ganz weiß mit ein paar Streifen an
den Seiten.«
»Das ist der Nebel und die Streifen sind die Bretter
vom Fensterrahmen«, sagt Jubelinchen.
»Ach ... und der Fleck?«, fragt Oma.
»Was ist das für ein ekliger Fleck?«
»Schau dir das Fenster mal genau an«, seufzt
Jubelinchen.
»Der Vogel mit den bunten Federn
ist gerade wieder vorbeigeflogen.
Er hat ans Fenster gemacht und genau das
habe ich gezeichnet. Vogeldreck und Nebel.
Mein Bild ist ganz echt.«

Oma wirft die Stifte auf den Tisch.

»Du kannst den Vogel gar nicht gesehen haben«, brummt sie.

»Den Vogel gibt es nämlich gar nicht.«

»Den Vogel vielleicht nicht, aber seinen Vogeldreck schon«, lacht Jubelinchen.

»Ich habe gewonnen.

Mein Bild ist am richtigsten.«

Erst Pfötchen geben

»Ein Stückchen Wurst?«, fragt der Metzger.
»Ja, gerne«, sagt Jubelinchen.
Oma bezahlt und dann gehen sie hinaus.
Auf dem Bürgersteig vor der Metzgerei läuft ein
lustiger Hund.

Mit dem Schwanz wedelnd kommt er auf Jubelinchen zu und will ihr die Pfote geben.

»Wie süß«, sagt Jubelinchen.

»Schau mal, was er macht.«

»Süß?«, sagt Oma.

»Ein albernes Kunststück, finde ich.«

»Warum? Er mag mich und darum gibt er mir die Pfote.«

»Von wegen!«, sagt Oma.

»Der Hund mag dich überhaupt nicht.

Das tut er nur, weil du ein Stück Wurst in der Hand hältst.

Er ist ein alter Bettler.«

Jubelinchen streichelt dem Hund über den Kopf.

»Du bist lieb, hörst du? Willst du ein Stückchen Wurst?«

»Tu was du willst«, sagt Oma, »aber ich würde ihm an deiner Stelle nichts geben.

Das Vieh ist viel zu fett.«

Jubelinchen gibt dem Hund die Hälfte ab.

Sie klopft ihm auf den Rücken und rennt Oma hinterher, die schon auf dem Weg zum Bäcker ist.

»Kriege ich ein Rosinenbrötchen?«, fragt Jubelinchen, als sie an der Reihe sind.

Oma schaut sie an.

»Erst Pfötchen geben«, sagt sie dann.

»Was soll ich?«

Jubelinchen denkt, dass sie nicht richtig gehört hat.

Pfötchen geben?

»Erst betteln, Kind«, sagt Oma.

»Dann bekommst du ein frisches Rosinenbrötchen von mir. Sitz!«

»Genau wie der Hund?«, fragt Jubelinchen.

»Genau!«

Jubelinchen legt ihre Pfote in Omas Hand und bellt.

»Wuff, wuff, wuffwuff.«

Die Bäckerin schaut verblüfft zu.

Sie kann nicht glauben, was sie da sieht.

»Gut so, braver Bettelhund«, sagt Oma.

»Das kannst du aber gut!

Soll ich dich ein bisschen verwöhnen?«

»Wuff wu …«

Oma stopft das Rosinenbrötchen in Jubelinchens Mund, bevor sie weiterbellen kann.

Die Bäckersfrau zieht die Augenbrauen hoch.

Auf Händen und Füßen kriecht Jubelinchen aus dem Geschäft.

Vor der Bäckerei kommt ihr der Hund wieder entgegen.

Er wedelt mit dem Schwanz, setzt sich hin und will wieder Pfötchen geben.

»Guter Trick«, sagt Jubelinchen.

»Aber das Rosinenbrötchen esse ich ganz alleine auf.

Das habe ich mir selbst verdient.
WUFF!!«
Der Hund erschrickt vor Jubelinchens lautem
Bellen und flitzt davon.
»Bis morgen, beim Metzger«, ruft sie ihm nach.

Pipi machen und duschen

Jubelinchen und Dirk liegen im Bett.
Sie übernachten beide zusammen bei Oma.
Aber es ist so warm im Zimmer, schwülwarm.
Sie haben schon zwei Becher Wasser getrunken.
Aber es hilft nicht.
Der Durst bleibt.
Jubelinchen strampelt das Bettlaken los und da
sieht Dirk die blaue Plastikfolie.
»Machst du manchmal ins Bett?«, fragt er.
»Ab und zu«, sagt Jubelinchen.
»Ich nicht«, sagt Dirk, »ich gehe immer auf den Topf.«
Oma schaut noch einmal herein.
»Schlaft ihr noch nicht?«, fragt sie.
»Es geht nicht«, sagt Jubelinchen.
»Wir sind so klebrig.
Dürfen wir duschen?«
»Nein, dafür ist es jetzt zu spät.
Bleibt mal ruhig liegen, dann schlaft ihr von selbst
ein.«
Oma gibt noch zwei Gutenachtküsse und geht dann
nach unten.
Jubelinchen und Dirk ersticken vor Hitze.

Sie probieren es wirklich, aber es klappt einfach
nicht.
Sie bleiben wach!
»Ich bin völlig durchgeschwitzt«, sagt Jubelinchen
nach einiger Zeit.
»Warum dürfen wir nicht duschen?«
Sie kratzt sich eben am Po und dabei spürt sie
wieder die Plastikfolie.
Plötzlich hat sie eine Idee.
»Wenn wir ins Bett machen, dürfen wir bestimmt«,
kichert sie.
»Ins Bett machen!«, ruft Dirk.
»Aber das stinkt und brennt, und ich muss gar
nicht.«
»Ich auch nicht«, flüstert Jubelinchen.
»Aber wir tun so als ob.«
Sie steigt aus dem Bett und nimmt den Becher
mit Wasser.
»Was machst du?«, fragt Dirk.
»Pipi!«, zischt Jubelinchen und sie schüttet
den ganzen Becher ins Bett.
Das Laken ist sofort klatschnass.
»Was für ein großer See«, kichert sie.
»Du musst auch, sonst ist es nicht gerecht.«
Dirk zögert.
Aber dann schüttet auch er seinen Becher
im Bett aus.

Jubelinchen läuft zur Treppe.
»Oma, Oma, wir haben ins Bett gemacht.«
Oma kommt nach oben.
»Das ist aber seltsam!«, sagt sie überrascht.
»Ihr habt ins Bett gemacht?
Beide gleichzeitig?
Das ist aber ein Zufall.«
»Jetzt müssen wir aber duschen«, sagt Jubelinchen.
»Alles ist nass.«
»Tja«, sagt Oma.

»Zieh die Unterhose mal aus … ach schau mal an!
Deine Unterhose ist trocken und die von Dirk auch.
Wie kommt das denn?«
Jubelinchen und Dirk trauen sich nicht, Oma
anzuschauen.
»Das war Absicht, stimmt's?«
»Ja«, flüstert Jubelinchen.
»Es ist so heiß.«
»Geht mal ins Badezimmer«, sagt Oma.
»Wir dürfen duschen!«, ruft Jubelinchen.
Sie will den Wasserhahn aufdrehen, doch Oma hält
sie zurück.
»Ich weiß etwas viel Besseres«, sagt sie.
Sie lässt die zwei Becher voll laufen und schüttet
das kalte Wasser über Jubelinchen und Dirk aus.
»So!«, sagt sie.
»Wie du mir, so ich dir.
Abtrocknen, saubere Laken und ab ins Bett.«

Die Schildkröte

»Trude ist im Urlaub«, sagt Oma.
»Und nun passe ich auf ihre Schildkröte auf.
Ist es nicht ein witziges Tier?«
»Toll«, ruft Jubelinchen.
»Ich will schon seit langem eine Schildkröte.
Darf ich sie streicheln?«
Sie hebt die Schildkröte hoch.
Aber diese zieht sofort Kopf und Beine ein.
»Sie schrumpft«, sagt Jubelinchen.
»Ist es ein Männchen oder ein Weibchen?«
»Keine Ahnung«, sagt Oma.
»Ist das denn wichtig?«
»Ja, denn ich will ein Junges!
Sollen wir Schildkröten züchten?
Trude findet das bestimmt toll.«
Oma lacht.
»Schildkröten züchten?
Ich weiß überhaupt nicht, wie das geht.«
»Ich schon«, sagt Jubelinchen.
»Ich glaube, das ist ein Weibchen.
Wir leihen uns bei der Tierhandlung ein Männchen
aus und dann küssen sie sich und so, und dann
kommen die Jungen von selbst …«

»… aus einem Ei«, ergänzt Oma.

»Aus einem Ei?«, ruft Jubelinchen.

»Das ist doch kein Huhn!«

»Doch«, sagt Oma.

»Ich meine: Ein Huhn legt Eier, und eine
Schildkröte auch.

Zumindest, wenn es ein Weibchen ist.

Sollen wir in die Zoohandlung gehen?«
Jubelinchen setzt die Schildkröte
zurück in die Kiste.

Sofort kommt der verschrumpelte Kopf
wieder hervor.

»Schau nur«, ruft Jubelinchen.

»Sie lacht.

Jetzt bin ich ganz sicher.

Das ist ein Mütterchen.

Und sie will so gerne ein Kind.

Sie bekommt schon fast ein Ei.«

»Verkaufen Sie keine Schildkröten!?«
Jubelinchen setzt die Kiste mit der Schildkröte
neben die Kasse und schaut die Frau von der
Tierhandlung ungläubig an.

»Es tut mir Leid«, sagt die Frau.

»Ich habe Vögel und Fische, Kaninchen und
Hamster …«

»Aber wir suchen eine Schildkröte«, sagt Oma.

»Wahrscheinlich ein Männchen.
Jubelinchen glaubt nämlich, dass dies ein
Weibchen ist.
Können Sie das vielleicht feststellen?«
Die Frau hebt die Schildkröte hoch und betrachtet
sie von allen Seiten.
»Tja«, sagt sie.
»Ein Männchen oder ein Weibchen ...?
Ehrlich gesagt: Eigentlich habe ich keine Ahnung
von Schildkröten ...«
»Oh, aber ich schon«, sagt Jubelinchen schnell.
»Es ist ein Weibchen.
Jungen haben einen Pimmel und Mädchen einen
Schlitz.
Und ich habe einen ganz kleinen Schlitz gesehen
bei ... bei ...
Wie heißt sie eigentlich?«
»Ich glaube nicht, dass Trude ihr einen Namen
gegeben hat«, sagt Oma.
»Vielleicht kannst du dir einen ausdenken.«
Jubelinchen denkt kurz nach.
»Schaline«, sagt sie dann.
»Schaline, die Schildkröte.
Und das Väterchen nennen wir Schuffel.«
»Welches Väterchen?«, fragt Oma.
Aber Jubelinchen antwortet nicht.
»Liebe Schaline«, flüstert sie.

»Ich hoffe, dass Trude lange wegbleibt.
Dann haben wir bald ganz viele kleine Schildkröten
und die gehören dann alle mir.«

Die Orgel

»Jetzt bist du wieder dran«, sagt Jubelinchen.
»Sie ist so schwer ...«
Sie gibt Oma die Kiste mit Schaline,
der Schildkröte.
Plötzlich hört sie Musik.
»Wo kommt die Musik her?«
»Aus der Kirche«, sagt Oma.
»Jemand spielt auf der Orgel.
Sollen wir hineingehen?«
Sie überqueren den Kirchplatz.
Das große Tor ist geschlossen.
Jubelinchen versucht es an der kleinen Seitentüre.
Die ist offen.
Die Musik klingt auf einmal viel lauter.
Sie hallt durch die leere Kirche.
»Leise ...«
Oma zeigt auf eine Bank.
Jubelinchen setzt sich hin und schaut sich um.
Ohne Menschen kommt einem die Kirche viel
größer vor als an Weihnachten.
Als die Musik aufhört, wird es plötzlich ganz still.
Jubelinchen traut sich beinah nicht zu atmen.

Aber plötzlich hört sie:
»Ha … ha … hatschi!«
Jubelinchen erschrickt.
»Hatschi!!«
»Gesundheit«, murmelt Oma.
Aber das Wort geht im nächsten Lied unter.
»Macht Gott die Musik?«, flüstert Jubelinchen.
»Nein, der Organist«, sagt Oma.
»Er sitzt hinter den glänzenden Pfeifen
auf dem Balkon.
Man kann ihn von hier aus nicht sehen.«
»Aber Gott kann man doch auch nicht sehen …«,
sagt Jubelinchen.
»Nein«, sagt Oma, »das stimmt.
Aber du darfst nicht so laut reden.
Sonst stören wir ihn.«
Jubelinchen schweigt einen Moment.
Dann flüstert sie Oma ins Ohr:
»Wir können Gott nicht sehen.
Aber kann er sich denn selbst sehen?
Im Spiegel?
Oder auf dem Kopf in einem Löffel?«
»Kind«, sagt Oma, »du stellst mir vielleicht
Fragen.«
Jubelinchen berührt mit der Hand die Kiste.
Sie rutscht noch näher an Oma heran.
»Oma, mag der liebe Gott Schildkröten?

Glaubst du, er will auch ein Schildkrötenbaby
haben?«
»Keine Ahnung«, flüstert Oma.
»Du bist vielleicht ungeduldig.
Schaline hat noch nicht einmal ein einziges Ei gelegt.
Und du verteilst die Jungen schon.
Sollen wir nach Hause gehen?«
Jubelinchen klettert aus der Bank.
Sie will tschüs rufen.
Aber dann überlegt sie es sich anders.
Sie winkt hinauf zur Orgel und flüstert:
»Das nächste Mal bringe ich dir
eine Überraschung mit.
Eine Schildkröte und
ein Taschentuch.«
Und ohne ein
Geräusch zu
machen,
schließt
sie die Tür.

Das Schaf

Jubelinchen kriecht auf den Knien durchs Gras.
Sie sucht vierblättrige Kleeblätter.
»Hast du schon eins gefunden?«, fragt Oma.
»Fast«, sagt Jubelinchen.
Sie sucht, bis sie am Wassergraben ist.
Auf der Weide auf der anderen Seite grasen Schafe.
Jubelinchen zählt sie.
»Eins, zwei, drei, vier ...
Oma, das eine Schaf liegt auf dem Rücken
mit den Beinen in der Luft.
Ich glaube, es winkt mir zu.«
»Ach, bitte nicht«, sagt Oma.

»Das Tier ist gestürzt.
Wir müssen sofort etwas unternehmen,
sonst stirbt es.«
»Es stirbt?«, fragt Jubelinchen.
»Ja, ein Schaf kann nicht alleine aufstehen,
wenn es auf dem Rücken liegt.
Wir müssen ihm helfen.
Siehst du eine Brücke, über die wir
hinüber zur Weide können?«
Jubelinchen schaut nach rechts und nach links.
Nirgendwo ist eine Brücke.
Der Wassergraben ist sehr lang.
»Ach, das arme Schaf«, sagt Oma.
»Sieh nur, wie es hilflos zappelt.
Wer weiß, wie lange es da schon liegt!
Wir müssen uns etwas ausdenken.
Sofort.«
Oma läuft nervös am Wassergraben entlang.
»Jubelinchen, traust du dich, über den Graben
zu springen?«
»Natürlich«, ruft Jubelinchen.
»Aaaber ... der Graben ist sehr breit und meine
neue Hose ...«
»Macht nichts«, sagt Oma.
»Selbst wenn du mitten hineinspringst.
Deine Knie sind sowieso schon grün.«
Jubelinchen nimmt einen großen Anlauf.

»Hopp-hopp-hopp-HOPP!«, ruft Oma.
»Spring!«
Jubelinchen springt so fest ab, wie sie nur kann.
Sie saust durch die Luft und landet – PLATSCH –
mit einem Fuß im Wassergraben.
Ihre Kleider sind voll Matsch
und Schwimmpflanzen.
»Gut gemacht«, ruft Oma.
»Jetzt schnell zum Schaf.
Versuch es auf die Seite zu rollen.
Schnell.«
Jubelinchen läuft mit einem schmatzenden Schuh
auf die Weide.

62

Das Schaf blökt ängstlich, als sie näher kommt.
»Mähähähäh …«
Jubelinchen sieht die gelblichen Zähne.
»Beißt es auch nicht?«, ruft sie über ihre Schulter.
»Nein, es tut dir nichts«, ruft Oma zurück.
»Du musst es am Fell fassen und schieben.
So ist gut, du brauchst keine Angst zu haben.
Schieben!«
Jubelinchen versucht, das Schaf
auf die Seite zu rollen.

Das Fell fühlt sich fettig an.
Aber das Schaf ist zu schwer.
Und Jubelinchen hat auch ein bisschen Angst vor
den strampelnden Beinen.
»Warte mal«, sagt Oma.
»Ich helfe dir.«

Oma zieht die Schuhe aus.
Sie rafft den Rock hoch.
Und dann läuft sie einfach in den schlammigen
Wassergraben hinein.
Langsam watet sie ans andere Ufer.
Das Wasser reicht ihr bis über die Knie.
Als sie die Böschung heraufklettert, sind ihre Beine
voll Schwimmpflanzen.

Oma rennt zum Schaf hinüber.
»Komm, du Dussel.
Ich helfe dir.
So, ja, steh wieder auf ...«
Als das Schaf wieder auf den Beinen steht,
flüchtet es taumelnd über die Weide.
»Gott sei Dank«, sagt Oma.
»Ohne uns wäre es ganz sicher gestorben ...«
Oma schaut dem Schaf nach.
Und Jubelinchen schaut sich Omas Kleider an.
»Oma, dein Rock ist voll Matsch und grüner
Punkte.«
»Ja«, lacht Oma, »da kann ich jetzt auch nichts
dran ändern.
Sollen wir nach Hause gehen?«
»Über die Weide oder durch den Wassergraben?«,
fragt Jubelinchen.
»Durch den Wassergraben natürlich«, sagt Oma.
»Meine Schuhe liegen noch am anderen Ufer.«

Winter spielen

Jubelinchen und Dirk stapeln das Brennholz neben dem Kamin auf.

»Das reicht«, sagt Oma.

Sie wischt sich den Schweiß von der Stirn.

»Soll ich den Kamin wirklich anmachen?«

»Ja«, sagt Jubelinchen, »und vorlesen.«

Oma zuckt mit den Schultern.

»Von mir aus«, stöhnt sie.

»Ich lass mich wieder mal breitschlagen.«

Sie zündet ein Streichholz an.

Die Flammen züngeln über das Holz.

Kurz darauf brennt ein prächtiges Feuer.

»Jetzt ist es Winter!«, ruft Jubelinchen.

Sie winkt dem Nachbarn zu, der in einer kurzen Hose den Rasen mäht, und zieht die Vorhänge zu.

»Es wird bereits schön warm«, sagt Dirk.

Die ersten Schweißtropfen stehen ihm schon auf der Stirn.

»Na, herrlich …«, sagt Oma.

»Bald ist es hier drinnen wie in einer Sauna. Ich lese euch gern was vor, aber erst ziehe ich mir einen Badeanzug an.«

»Aber wir spielen doch, dass es Winter ist«, ruft
Jubelinchen.
»Damit habe ich nichts zu tun«, antwortet Oma.
»Heute ist Sommeranfang.
Es ist der 21. Juni.
Die Sonne brennt aufs Dach und der Kamin
im Zimmer.

Es wird mir alles ein bisschen zu viel.
Es ist hier bullenheiß.«
Oma geht nach oben und kommt im Badeanzug
zurück.
Sie nimmt das Buch und fängt an, rasend schnell
von Schneemännern im Eis vorzulesen.
»Warum liest du so schnell?«, fragt Jubelinchen.
»Unterbrich mich nicht«, seufzt Oma mit rotem
Kopf.
»Ich will die Geschichte zu Ende gelesen haben,
bevor wir alle drei geschmolzen sind.
Puh, ist das warm hier!«
Oma liest die Geschichte in einem Zug zu Ende.
Dann schlägt sie das Buch zu und rennt hinaus.
»Gerettet!«, ruft sie.
»Ach, hier ist es herrlich kühl.«
Der Nachbar, der gerade mit dem Rasenmähen
fertig ist, schaut sie erstaunt an.
»Kühl?«, fragt er.
»Das ist bis jetzt der wärmste Tag dieses Jahres.
Ich komme bald um vor Hitze.«
Dirk und Jubelinchen kommen aus dem Haus.
»Was habt ihr denn für rote Köpfe«, sagt der
Nachbar. »Ihr seid doch nicht etwa krank?«
»Nein«, sagt Jubelinchen.
»Das kommt, weil wir den Kamin angemacht
haben.«

»Ihr habt den Kamin angemacht?«, ruft der
Nachbar.
»Bei diesem Wetter?
Mitten im Sommer?«
»Ja«, lacht Oma, »die Kinder spielen Winter.
Mit einem Kaminfeuer, verstehen Sie …?«
Der Nachbar schaut sie mit großen Augen an.
»Nein, das verstehe ich nicht«, murmelt er.
Jubelinchen und Dirk gehen wieder ins Haus.
Sie machen die Tür fest hinter sich zu.
»Drinnen ist es wärmer als draußen«, sagt Dirk.
»Herrlich, nicht wahr?«
»Na ja«, sagt Jubelinchen. »Es ist ein ziemlich
warmer Winter.«
Oma schaut noch einmal hinein.
»Warum macht ihr das Fenster nicht auf?«,
fragt sie.
»Gleich erstickt ihr noch.«
»Nein«, ruft Dirk.
»Wenn wir das Fenster aufmachen, zieht es.
Und dann erkälten wir uns vielleicht.«
»Glaubst du?«, fragt Oma.
»Es ist wahrscheinlicher, dass ich euch gleich
vom Boden aufwischen muss. Aber …
ihr müsst es selbst wissen.
Viel Spaß.«
»Tschüs«, sagen Jubelinchen und Dirk.

Sie setzen sich ganz nah vor den Kamin
und starren in die Flammen.
Und Oma?
Oma sitzt auf der Bank im Schatten des
Kastanienbaums.
Und schwitzt.
Ach wenn es doch wirklich Winter wäre!

Stricken

Oma strickt einen Pullover für Jubelinchen.
Und Jubelinchen macht einen Pullover für Oma.
Sie versucht es zumindest.
Sie hat verschiedene Stücke Stoff zusammenge-
sucht und probiert, sie aneinander zu nähen.
Behutsam sticht sie die Nadel in den Stoff.
»Klappt es?«, fragt Oma, während sie
über die Brille schaut.
»Ja, es ist beinah fertig ...
AU!!«
Jubelinchen sticht sich mit der Nadel
in den Daumen.
Ein dicker Tropfen Blut kommt zum Vorschein.
»Au, au!«
Jubelinchen schüttelt die Hand hin und her.
Und dann steckt sie den Daumen in den Mund.
»Pfui, Blut schmeckt süß.
Willst du mal probieren, Oma ...«
»Nein danke. Leck es selbst ab.«
»Wenn es noch lange blutet, laufe ich aus«, sagt
Jubelinchen.
»Dann sterbe ich vielleicht.«

»Wenn es nie mehr aufhört, dann schon«, antwortet
Oma.

»Aber ist es wirklich so schlimm?«

»Ich weiß es noch nicht.«

Jubelinchen saugt fest am Daumen.

Er wird ganz rot.

»Wenn man stirbt, muss man unter die Erde«,
sagt sie.

Oma lässt das Strickzeug sinken.

»Wer sagt das?«

»Dirk«, antwortet Jubelinchen.

»Seine Katze liegt schon unter der Erde.

Aber ich will das nicht, niemals.

Dort ist es viel zu dunkel!«
»Und zu kalt«, ergänzt Oma.
»Aber davon merkt man Gott sei Dank
nichts mehr.«
»Warum nicht?«
»Wenn man tot ist, spürt man nichts mehr«,
sagt Oma.
Sie nimmt ihr Strickzeug wieder auf.
Die Nadeln klappern schnell gegeneinander.
»Du wirst auch sterben«, sagt Jubelinchen.
»Hör auf«, sagt Oma.
»Kannst du nicht von etwas anderem sprechen?
Ich habe noch lange nicht vor zu sterben.«
»Das verstehe ich«, sagt Jubelinchen.
»Du willst natürlich erst meinen Pullover
fertig stricken.«
Oma lacht.
»Genau.
Erst muss der Pullover fertig sein.
Und dann will ich noch viele schöne Sachen
für dich stricken.«
Jubelinchen setzt sich neben Oma auf das Sofa.
Ganz nah an sie heran.
»Du bist meine liebste Oma«, sagt sie dann.
»Kein Wunder«, lacht Oma, »du hast ja nur eine.«
Jubelinchen befühlt gerade die Stricknadeln.
»Sind es gute?«, fragt sie.

Oma nickt und hält den Ärmel an Jubelinchens Arm.

Er ist beinah lang genug.

»Wenn du stirbst, bekomme ich dann deine Stricknadeln?

Sie glänzen so schön.«

»Versprochen«, sagt Oma.

»Ich werde es in mein Testament schreiben.

Wenn ich nicht mehr da bin, strickst du mit diesen Stricknadeln weiter.

Soll ich dir zeigen, wie es geht?«

»Jetzt?«

»Warum nicht?«, sagt Oma.

»Och, ööm ... das geht nicht so gut, weil ööm ... Mein Finger leckt noch.«

Jubelinchen beginnt wieder fest am Daumen zu saugen.

»Macht nichts«, sagt Oma.

»Dann zeige ich es dir nur.

Pass auf: reinstecken, umschlagen, durchziehen, abziehen.

Reinstecken, umschlagen, durchziehen, ab... «

Nabelfernsehen

»Jetzt will sie wieder zu mir«, sagt Jubelinchen.
Sie nimmt Dirk die Schildkröte aus den Händen
und setzt sie zurück in die Kiste.
»Schaline ist noch allein«, sagt sie.
»Aber das wird nicht mehr lange dauern ...«
»Vielleicht will sie allein sein«, sagt Oma.
»Eben nicht«, sagt Jubelinchen.
»Allein sein ist langweilig.
Und ich weiß, wovon ich spreche, denn ich habe
keine Geschwister.«
»Als ob das so toll wäre«, sagt Oma.
Sie zieht Jubelinchen auf ihren Schoß.
»Ich weiß noch, vor langer Zeit, bevor ich geboren
wurde, da fand ich es überhaupt nicht schön,
Geschwister zu haben.
Im Bauch meiner Mutter war so wenig Platz.
Wir saßen da zu siebt nebeneinander gepfropft ...«
Dirk schaut Oma überrascht an.
»Warst du gleichzeitig mit allen deinen
Geschwistern im Bauch deiner Mutter?
Wirklich?«
Oma nickt.

»Es war herrlich warm, kann ich dir sagen.
Und auch lustig und gemütlich, wenn wir spielten.
Wir spielten zum Beispiel Verstecken
und Fangen ...«
»Fangen?«, ruft Dirk.
»In einem Bauch!?«
»Natürlich«, antwortet Oma.
»Wir sind wie die Affen die Rippen hochgeklettert.
Wir waren alle ziemlich beweglich.«
Dirk starrt Oma mit offenem Mund an.

»Wie ... wie viele Brüder hattest du denn?«, fragt er.

»Drei«, antwortet Oma.

»Und drei Schwestern.

Ich bin die Jüngste von dem ganzen Haufen.

Junge, Junge, wenn ich an die Zeit zurückdenke ...

Manchmal ging es wirklich wild her.

Dann half nur noch drängeln und drücken und schlagen und treten.

Vor allem beim Nabel.

Denn wir wollten alle immer gleichzeitig durch den Nabel meiner Mutter hinausschauen.

Und das ging natürlich nicht.

Das begreifst du doch.«

Jubelinchen rutscht von Omas Schoß und dreht sich dann um.

»Vor deiner Geburt?«, fragt sie.

»Konntest du schon etwas sehen, bevor du geboren warst?«

Ja, nickt Oma.

»Durch den Nabel meiner Mutter konnten wir uns die Welt ansehen.

Es war wie fernsehen.

Nabelglotzen nannten wir das.

Jedes Mal, wenn einer geboren war, konnten die Zurückgebliebenen etwas länger glotzen.

Am Ende war ich die Letzte im Bauch.

Ich konnte machen, was ich wollte.

Den ganzen Tag glotzen.
Niemand, der sich vor meine Nase setzte ...«
»Konntest du auch die Sterne sehen?«, fragt Dirk.
»Nachts schon«, antwortet Oma.
»Könnt ihr euch noch an die Zeit im Bauch eurer
Mutter erinnern?«
Dirk schüttelt den Kopf.
Jubelinchen zuckt mit den Schultern.
»Komisch«, sagt Oma, »dass ihr das alles vergessen
habt.
Na ja, manche Dinge denkt man sich erst aus, wenn
man so alt ist wie ich.
Auf jeden Fall: Allein sein fand ich überhaupt nicht
schlimm.«
»Im Bauch vielleicht nicht«, sagt Jubelinchen.
»Aber in einer Kiste schon.
Schau dir Schaline nur an.
Sie versucht dauernd, ein Ei zu legen.
Aber sie schafft es nicht.«

Die Schere

Jubelinchen reitet.
Sie sitzt auf dem Staubsauger und Oma zieht sie
durch das Zimmer.
Aber es geht nicht sehr schnell.

Darum springt Jubelinchen vom Pferd auf das Sofa
und vergräbt sich hinter den Kissen.
Plötzlich fühlt sie etwas Kaltes.
»Meine Schere!
Oma, ich habe meine Schere wieder gefunden.
Die habe ich schon so lange vermisst!«

Aber wegen des lärmenden Staubsaugers kann
Oma sie nicht hören.
Jubelinchen spielt Friseur.
Sie schneidet in die Luft.
Aber das macht keinen Spaß.
Dann schaut sie auf eines der Kissen.
Vielleicht sind in dem Kissen viele schöne Dinge
versteckt?, denkt sie.
Spannende Geheimnisse?
Das könnte schon sein.
Sie fühlt kleine Klumpen.
Sind das Süßigkeiten?
Oder Radiergummis?
Am besten, ich schneide ein Loch in das Kissen,
denkt Jubelinchen.
Ein kleines Loch auf der Rückseite.
Dann kann man es nicht sehen.
Kann meine Schere das überhaupt?
Mal probieren …
Behutsam schneidet sie in den Stoff.
Sie merkt, dass ihre Schere besonders scharf ist.
Das Kissen platzt auf!
Es fallen viele Schaumgummistückchen heraus!
Jubelinchen bekommt einen großen Schreck.
Sie will alles wieder hineinstopfen.
»Geh mal zur Seite«, sagt Oma.
»Ich muss das Sofa saugen.«

Schnell setzt sich Jubelinchen auf das Kissen.
»Weg da!«, sagt Oma noch einmal.
Aber Jubelinchen denkt gar nicht daran.
Wenn Oma das Loch sieht …
Oma stellt den Staubsauger ab.
»Was machst du da?«
»Ach nichts, spielen.
Darf ich hier sitzen bleiben?«
»Warum?«
»Na, ähh … ich bin so müde uuund … iich …«
In diesem Moment rutscht Jubelinchen vom Kissen
herunter.

Oma sieht die bunten Schaumgummiflocken.

»Jubelinchen!«, ruft sie.

»Was hast du denn da gemacht?«

Jubelinchen traut sich nicht, Oma in die Augen zu schauen.

»Es ging ganz von alleine«, murmelt sie.

»Die Schere hat es ganz von alleine getan.«

»Ganz von alleine?«, sagt Oma ungläubig.

»Ja, denn sie wusste nicht, dass sie so scharf ist.

Und sie dachte, dass im Kissen Geheimnisse verborgen sind.

Und da hat sie von selbst hineingeschnitten.«

»Oh, die Schere hat es getan?!«, ruft Oma.

»Der werden wir's zeigen.

Gib mir mal das Ding!«

Oma nimmt die Schere. Sie lässt sie zwischen den Schaumflocken im Kissen verschwinden.

»So«, sagt sie böse.

»Ich kann unartige Scheren nicht ausstehen.

Und diese Schere will ich vorläufig nicht mehr sehen.«

Sie geht zum Schrank, nimmt Nadel und Faden und näht das Kissen mit großen Stichen zu.

Als sie fertig ist, schaut sie Jubelinchen an.

»Die freche Schere wird uns vorläufig keine Scherereien mehr machen.

Zur Seite.«

Oma macht den Staubsauger an und saugt die
letzten Schaumgummiflocken vom Sofa.
Jubelinchen starrt auf das Kissen.
Sie findet, dass es eine schreckliche Strafe für die
Schere ist.
Aber jetzt gibt es doch noch ein Geheimnis im
Kissen.
Schade, dass sie keine Schere hat,
um es herauszuholen.

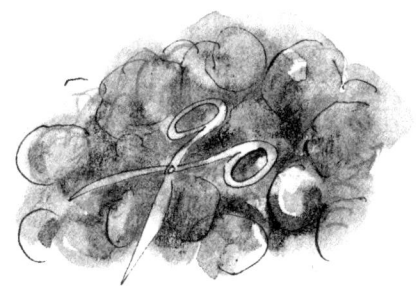

Männchen gesucht

Die Tür zum Supermarkt flutscht auf.
»Hier!«, sagt Dirk.
Er zeigt auf ein Brett, an dem viele Zettel hängen.
Jubelinchen will ihren Zettel dazuhängen.
Aber auf der Tafel ist kein Platz mehr.
Alle Reißnägel sind besetzt.
»Warte mal«, sagt Dirk.
»Das sind doch alles schon alte.
Ich nehme ein paar herunter.«
Er reißt einige Zettel von der Anschlagtafel.
Aber dann ertönt plötzlich eine Stimme.
»Hallo, junger Mann, was machen wir denn da?«
Es ist der Junge von der Kasse.
Er schaut über den Rand seiner Brille.
Dadurch sieht es so aus, als hätte er vier Augen.
Und alle vier schauen sie ein bisschen böse.
»Wir ... wir wollen etwas aufhängen«, sagt Dirk.
Jubelinchen hält ihren Zettel hoch.
»Schaline sucht einen Freund«, sagt sie.
»Sie will so gerne ein Kind.«
Der Junge nimmt die Brille ab.
Die zwei bösen Augen verschwinden.

Und dann fängt er an zu lachen.
»Einen Freund!«, sagt er.
»Das trifft sich aber gut.
Ich suche eine Freundin.
Vielleicht kann ich helfen.«
»Toll«, ruft Jubelinchen.
»Dann bekommst du auch ein Ei, wenn es klappt.«
Der Junge schaut Jubelinchen überrascht an.
»Wovon redest du?«, fragt er.
»Was für ein Ei?«

Bevor Jubelinchen antworten kann, kommt ein
hübsches Mädchen mit rotem Haar und einem
voll geladenen Einkaufswagen auf die Kasse zu.
Tack tack tack tack machen ihre Absätze
auf den Fliesen.
Sie legt ihre Einkäufe auf das Band.
»Einen Moment«, sagt der Junge.
»Ich bin sofort wieder da.«
Er verschwindet hinter der Kasse.
Dirk zieht an Jubelinchens Arm.
»Schnell«, sagt er, »gib her!«
Er steckt den Zettel mit einem Reißnagel fest.
Und bevor der Junge fertig ist, sind sie schon
aus dem Geschäft.

MÄNNCHEN GESUCHT
Ich möchte ein Schildkröten-
männchen leihen für die Zucht
nur ein paar Tage
Belohnung: ein Ei
Jubelinchen, Am Steinacker 1,
Telefon 76561

Starkes Papier

Oma liest ein Buch.
Jubelinchen sucht einen Buntstift im Malkasten.
Sie macht eine wilde Zeichnung mit schwungvollen,
langen Strichen.
»Genau«, murmelt sie.
»Und hier noch ein bisschen Rot, und hier noch ein
bisschen Grün.
Und jetzt werde ich etwas Besonderes ausprobie-
ren.
Jetzt zeichne ich mal andersherum.
Ich setze die Spitze vom Bleistift auf das Papier und
mit der anderen Hand ...«
Jubelinchen zieht das Blatt Papier hin und her.
Das Papier bewegt sich, aber der Bleistift steht
still.
Sie macht ein paar gerade Linien und dann ...
Ratsch!
Die Zeichnung zerreißt in der Mitte.
»Oooh«, sagt Jubelinchen.
»Verschandelt.
Na ja, dann mache ich eben eine neue Zeichnung.
Oma, darf ich noch ein Blatt Papier haben?

Dieses war so schlapp.«

»Schlapp?«, fragt Oma.

»Ja, es ist gerissen.«

Oma schaut in den Schrank.

»Das hier ist das letzte«, sagt sie dann.

»Wir haben kein Papier mehr.

Wir müssen neues kaufen.

Aaaber Jubelinchen, weißt du, dass ein Blatt
Papier eigentlich sehr stark ist?«

»Stark?«, fragt Jubelinchen.

»Überhaupt nicht.

Schau mal.«

Sie schwenkt das zerrissene Papier hin und her.

»Und doch ist das eine Blatt Papier stärker als …
als zehn Bücher«, sagt Oma.

»Wetten?«

Jubelinchen schaut Oma ungläubig an.

»Willst du wirklich wetten?«, fragt sie.

»Da gewinne ich.
Wir wetten um ööm … ööm …«
»Um eine Zeichnung auf dem letzten Blatt Papier«,
schlägt Oma vor.
»Wer verliert, muss für den anderen ein Bild
malen.«
Oma rollt das Blatt zusammen.
Sie klebt einen Tesafilm drum herum
und stellt die Rolle aufrecht auf den Tisch.
Dann legt sie ein Buch darauf.
Und noch eins.
Und noch eins.
Und noch eins.
»Ziemlich stark, nicht wahr«, flüstert sie.
Wie ein Zauberer legt Oma ein fünftes Buch
auf den Stapel.
Und ein sechstes, ein siebtes, ein achtes …
»Nicht gegen den Tisch stoßen«, warnt sie.
»Ich will gewinnen.«
»Pass auf!«, flüstert Jubelinchen beim neunten
Buch.
»Es wackelt, das klappt bestimmt nicht.«
»Still sitzen bleiben«, zischt Oma.
Sie nimmt das zehnte Buch und legt es vorsichtig
auf den Stapel.
»Na, was habe ich gesagt?
Zehn Bücher!

Ist es nicht stark, so ein Blatt Papier?«
»Kann mein Malkasten auch noch drauf?«, fragt
Jubelinchen.
»Versuch es mal«, sagt Oma.
Jubelinchen hält den Malkasten über die Bücher.
Ihre Hand zittert ein bisschen.
Aber dann legt sie ihn vorsichtig auf die Bücher.
»So«, sagt Oma.
»Zehn Bücher und ein Malkasten.
Ich habe die Wette gewonnen.
Jetzt musst du mir ein Bild malen.«
»Oh ja«, sagt Jubelinchen.
»Das würde ich gerne, aaber …«
– sie zeigt auf den Stapel –
»… ich komme nicht an das Papier.«

Der geliehene Hund

Jubelinchen will einen Hund.

Einen lieben.

Einen großen.

Aber Oma will das nicht.

»Hunde bellen so«, sagt Oma, »da kriege ich Angst.«

»Dann suche ich mir einfach einen Hund aus,
der nicht bellt«, sagt Jubelinchen.

»Oder ein Hundebaby, oder einen, der mich
abschleckt.«

»Pfui Teufel«, sagt Oma.

»Ich würde laut aufschreien.

Nein, ich will keinen Hund.

Das kannst du dir aus dem Kopf schlagen.

Aber wir können uns für einen Nachmittag
in der Woche einen Hund leihen.

Was hältst du davon?«

»Leihen?« Jubelinchen schaut Oma überrascht an.

»Einen Hund leihen, das geht doch gar nicht!«

»Doch, das geht«, sagt Oma.

»Zieh dir deine Jacke an.«

Sie fahren mit dem Fahrrad zum anderen Ende
der Stadt.

Schon von weitem hört Jubelinchen leises Gebell.
Es wird immer lauter.
Das sind bestimmt hundert Hunde, denkt sie, oder
noch mehr ...
»Wohin fahren wir?«
»Ins Tierheim«, sagt Oma.
»Dort wohnen ganz viele Hunde ohne Herrchen.«

Der Mann vom Tierheim läuft mit Oma und
Jubelinchen an den Hundezwingern entlang.
Die Hunde bellen sehr laut.
Ein paar springen gegen den Zaun
und knurren fürchterlich.
»Beißen sie?«, fragt Jubelinchen.
»Der schwarze dort schon«, sagt der Mann.
»Aber die meisten Hunde sind lieb und zahm.
Mit welchem willst du spazieren gehen?«
»Mit dem großen dort«, sagt Oma.
»Nein, doch lieber nicht!«, ruft Jubelinchen schnell.
Und sie läuft zu dem Zwinger, in dem der
allerkleinste Hund vom ganzen Tierheim sitzt.
Ein weißer mit Locken und langen Ohren.
Der Mann öffnet den Zwinger und macht die Leine
fest.
»Ach, ist der süß«, sagt Jubelinchen.
»Schleckt er einem übers Gesicht?«
»Wenn du dich bückst vielleicht«, sagt der Mann.

»Darf ich ihn mir wirklich leihen?«
»Kostenlos und umsonst«, antwortet der Mann.
»Du darfst mit ihm spazieren gehen und den
ganzen Mittag mit ihm spielen.
Ich freue mich über ein bisschen Hilfe und die
Hunde auch.
Halt' ihn gut fest.
Du bist jetzt sein Frauchen.«
Stolz spaziert Jubelinchen zum Ausgang des
Tierheims.
»Ich bin froh, dass du dir so einen kleinen Hund
ausgesucht hast«, sagt Oma, als sie durch das Tor
gehen.
»Vor solchen Hunden habe ich keine Angst.
Und ich glaube, er kann noch nicht einmal bellen …«
»Wuff!«, sagt der kleine Hund.
»Wuff!«, äfft Jubelinchen ihn nach und rennt mit
ihrem geliehenen Hund in den Wald.

Das Kunstei

Jubelinchen hält vor dem Gatter.
Dort hängt ein Schild:
Frische Eier zu verkaufen.
Sie gibt Oma die Hand.
Zusammen laufen sie zum Bauernhof.
Auf einmal stürmt ein Hund auf sie zu.
Bellend springt er um sie herum.
»Ksst!«, zischt Oma.
»Geh weg!«
Ihre Stimme zittert ein bisschen.
»Er tut uns nichts«, sagt Jubelinchen.
»Er ist froh, weil er mich wieder sieht.
Ist das nicht lieb, er hat auf mich gewartet.«
»Leider«, sagt Oma.
»Jag ihn davon!«

Auf der Treppe stehen zwei Holzschuhe.
Jubelinchen passt da sogar mitsamt ihren Schuhen
hinein.
Die Küchentür geht auf.
»Guten Tag«, sagt der Bauer.
»Ich habe Sie bereits kommen hören.

Sie wollen sicher eine Schachtel Eier?
Kommen Sie mit.«
Der Hund läuft vor ihnen über den Hof.
»Warum ist das Hundevieh so dick?«, fragt Oma.
»Es ist wieder so weit«, sagt der Bauer.
Er seufzt. »Sie bekommt Junge.
Wollen Sie vielleicht eines?«
»Ja!«, ruft Jubelinchen.
»Nein!«, sagt Oma bestimmt.
»Kommt überhaupt nicht in Frage.
Ich will nur eine Schachtel Eier.«

»Sie wollen sie bestimmt wieder selber aussuchen«,
sagt der Bauer.
Jubelinchen geht mit in den Hühnerstall.
Die Klappe der Legebatterie öffnet sich.

Ein paar Hennen springen gackernd und meckernd zur Seite.

Jubelinchen nimmt die Eier aus dem Nest und setzt sie aufrecht in die Eierschachtel.

»Ich glaube, die weiße Henne ist gerade dabei, ein Ei zu legen«, sagt der Bauer.

»Heb sie mal hoch.«

Jubelinchen geht auf die Henne zu, die im Nest sitzen geblieben ist.

»Ksst«, sagt sie, »darf ich dein Ei haben?«

Der Kopf der Henne zuckt scheu hin und her.

Der rote Kamm schwingt mit.

»Heb sie hoch«, wiederholt der Bauer.

»Sie tut dir nichts.«

Jubelinchen streckt die Hand aus.

Aber die Henne hat so runde, knallgelbe Augen.

»Pickt sie auch nicht?«, fragt Jubelinchen.

»Nein, ganz bestimmt nicht«, sagt der Bauer.

Er hebt die Henne ein bisschen hoch.

Jubelinchen sieht dort, wo sie saß, ein Ei liegen.

Schnell nimmt sie es weg.

»Es ist noch ganz warm«, ruft sie.

»Ja«, lacht der Bauer.

»Dort steht doch *Frische Eier zu verkaufen.*«

»Legen die Hennen jeden Tag ein Ei?«, fragt Jubelinchen.

»Die meisten schon«, sagt der Bauer.

96

Er streut eine Hand voll Mais auf den Boden.
Die Hennen stürzen sich gackernd darauf.
»Aber«, sagt Jubelinchen, »wie kommen sie an die
Eier?
Macht die Henne sie zusammen mit dem Hahn?«
»Nein, dazu braucht man keinen Hahn!
Hühner können das alleine.
Aber manchmal helfe ich ein bisschen nach.
Wenn ein Huhn keine Eier legt, lege ich
ein Kunstei ins Nest.
Ein Ei aus Kalk.

Wenn das Huhn das Ei sieht, dann denkt es: Oh ja,
ein Ei.
Und dann legt es von selbst noch ein Ei dazu.«
Der Bauer holt ein Kalkei aus einem Korb und gibt
es Jubelinchen.
Das Kunstei ist genauso groß wie ein echtes.
Aber es ist viel schwerer.
Plötzlich muss Jubelinchen an Schaline denken.
»Also, durch ein solches Ei legt eine Henne Eier?«
»Genau«, antwortet der Bauer.
»Und ... klappt das auch bei Schildkröten?«
»Bei Schildkröten?
Das weiß ich nicht.
Aber du kannst es ja mal versuchen ...«
Jubelinchen strahlt.
»Kann ich mir so ein Kunstei leihen?
Oma, jetzt klappt es bestimmt!
Jetzt bekomme ich ein Nest voll Eier.
Vielleicht eine ganze
Kiste voll ...«
»Erzählst du es mir,
wenn es geklappt hat?«,
fragt der Bauer.
»Natürlich!«, ruft Jubelinchen.
»Und dann bringe ich
ein frisches Schildkrötenei mit.«

Sonja hat Geburtstag

»Dirk, hilfst du mir beim Schmücken?«
Jubelinchen nimmt die Girlanden.
Sie sind auf kleine Rollen gewickelt, zehn
in einer Packung.
»Wer hat denn Geburtstag?«, fragt Dirk.
»Meine Puppe Sonja.
Sie wird heute sechs Jahre alt.«
Jubelinchen hat plötzlich ein bisschen Angst.
Dirk hat Sonja noch nie gesehen.
Vielleicht findet er sie doof.
Das wäre schon möglich.
Denn eigentlich ist Sonja keine richtige Puppe mehr.
Zusammen schmücken sie den Stuhl.
»Wie oft hat deine Puppe Geburtstag?«, fragt Dirk.
»Einmal im Jahr natürlich.
Das ist bei den Menschen doch auch so!«
»Ja, bei richtigen Menschen schon.
Aber das ist so selten.
Mein Kuscheltier hat ganz oft Geburtstag.
Immer, wenn ich Lust dazu habe.«
Oma kommt mit Limonade und vier Törtchen ins
Zimmer.

»Sonja bekommt auch ein Törtchen«, sagt
Jubelinchen.
»Sie darf sich zuerst eins aussuchen.
Ich hole sie jetzt aus dem Gästezimmer.«
Dirk kann es fast nicht erwarten.
Das Törtchen mit der Schlagsahne sieht am
leckersten aus.
Jubelinchen läuft mit Sonja die Treppe herunter.
»Alles ist fertig«, flüstert sie.
»Jetzt beginnt das Fest endlich.«

Sie steckt Sonja unter ihren Pullover, damit Dirk
sie noch nicht sehen kann.
»Wir müssen laut singen«, sagt Jubelinchen,
als sie wieder im Zimmer ist.
»Das gehört dazu.«
Und dann singen sie zu dritt:
»Hoch soll sie leben,
hoch soll Sonja leben,
dreimal hoch.
Hipp hipp hurra.
Hipp hipp hurra.
HURRA!«

»Herzlichen Glückwunsch zum Geburtstag«, sagt
Oma.
Sie gibt Jubelinchen einen dicken Kuss.
»Ich habe doch nicht Geburtstag«, sagt Jubelinchen.
»Du musst Sonja einen Kuss geben!«
Sie holt Sonja unter ihrem Pullover hervor.
Dirk beginnt ganz laut zu lachen.
»Ist das deine Puppe? Haha!
Das ist ja bloß ein Kopf hahaha.«
Jubelinchen schaut Dirk böse an.
Mit dem Rücken zu Dirk setzt sie sich auf den
geschmückten Stuhl.
»Hat deine Puppe keine Arme und Beine?«, fragt
Dirk.

»Früher schon«, antwortet Oma.

»Aber Jubelinchen hat sie aufgegessen.«

»Aufgegessen?«

»Ja!«

»Na und?!«, ruft Jubelinchen.

»Ich habe Sonja schon ganz lange.

Ich habe so oft und so fest mit ihr geschmust, bis ihre Arme und Beine abgingen.

Und dann der Bauch.

So lieb ist sie.«

»Darf ich sie noch einmal sehen?«, fragt Dirk.

»Nein!«

»Ich lache auch ganz bestimmt nicht.«

Jubelinchen holt Sonja vorsichtig wieder hervor.

Dirk schaut sich die Puppe lange an.

»Wenn du den Kopf auch noch aufisst, hat sie nie mehr Geburtstag«, sagt er dann.

»Sollen wir jetzt die Törtchen essen?«, fragt Oma.

Jubelinchen hält Sonja kurz an ihr Ohr.

»Sonja will das Törtchen mit der Schlagsahne«, verkündet sie.

Und das ärgert Dirk.

Als Jubelinchen ihr Törtchen aufgegessen hat, sagt sie plötzlich:

»Still.

Sonja flüstert mir noch etwas ins Ohr.

Sie sagt, dass ihr ein bisschen schlecht ist.

Ich darf ihr Törtchen auch noch essen!«
»Wirklich?«, fragt Dirk.
Er findet das gemein.
Jubelinchen darf alles aufessen.
Zuerst Sonja selbst.
Und jetzt auch noch ihr Törtchen …

Das Entenlied

Jubelinchen liegt im Bett.
Aber sie kann nicht schlafen.
Sie macht das Licht an und flüstert Sonja ins Ohr:
»Sollen wir Mama anrufen?
Sag ihr, dass du Geburtstag hast.«
Jubelinchen wählt auf dem alten, kaputten Telefon,
das neben dem Gästebett steht, die Nummer
von zu Hause.
»Hallo Mama, Sonja hat Geburtstag.
Du kannst ihr ja gratulieren ...«
Da ruft Oma hinauf:
»Jubelinchen, du musst jetzt wirklich schlafen.
Es ist schon so spät.«
Schnell kriecht Jubelinchen unter die Decke.
Sonja fest an sich gedrückt.
Sie bleibt still liegen.
Aber sie kann immer noch nicht schlafen.
Die Enten im Teich hinter dem Haus quaken so laut.
»Wir rufen Mama noch einmal an«, flüstert
Jubelinchen.
Sie nimmt das Telefon mit unter die Decke.
»Mama?

Leise sprechen, sonst kann Oma uns hören.
Morgen früh komme ich wieder nach Hause.
Kommst du nächstes Jahr auch zu Sonjas
Geburtstag?«
Plötzlich wird ihr die Bettdecke weggerissen.
Jubelinchen erschrickt fürchterlich.
»Stell das Telefon weg und schlaf jetzt endlich«,
sagt Oma.
»Aber ich kann nicht schlafen.
Iich iich ... die Enten machen so einen Krach!«
»Dann halte dir die Ohren zu.
Komm, ich deck dich wieder zu.«
Oma gibt Jubelinchen noch einen Kuss und geht
dann hinunter.
Jubelinchen kommt es plötzlich sehr dunkel im
Zimmer vor.
Sie kriecht aus dem Bett und öffnet die Vorhänge
ein wenig.
Und dann nimmt sie doch wieder – es geht wie von
selbst – das Telefon.
»Mama, Mama, bist du noch da?
Die Enten machen vielleicht einen Krach.
Sie quaken mich aus dem Schlaf.
Sie setzen sich absichtlich unter mein Fenster.
Und Sonja geht es auch auf die Nerven und ...«
»Potztausend, schläfst du immer noch nicht?!«,
brummt Oma.

Sie kommt zum zweiten Mal nach oben.
Jubelinchen schiebt schnell das Telefon unter das
Bett.
»Die Enten sollen endlich aufhören«, sagt sie.
»Oma, du musst sie wegjagen.
Oder ihre Schnäbel mit einer Schnur zubinden!«
Oma zieht die Vorhänge zur Seite.
»Die Enten machen Musik«, sagt sie.
»Sie singen Schlaflieder für dich.«
»Schlaflieder?«, fragt Jubelinchen überrascht.
Sie kann es einfach nicht glauben.
»Wirklich«, sagt Oma.
»Wenn du genau zuhörst, schläfst du von selbst ein!«

Sie zieht die Vorhänge wieder zu, küsst Jubelinchen
zum letzten Mal und setzt sich auf die Bettkante.
Jubelinchen legt Sonja auf ihren Bauch.
Sie hält Omas Hand fest und hört den Enten zu.
Zuerst schreien die Enten im Teich nur durcheinander.
Aber dann hört Jubelinchen plötzlich deutlich ein
Lied.
Die Enten singen!

Quak Kindchen quak,
Quak draußen quakt ein ...

Und bevor sie es sich versieht, haben die Enten
Jubelinchen in den Schlaf gequakt.

Der Esel

»Jubelinchen, weißt du eigentlich, dass Opa früher
einen Esel hatte?«
»Wirklich?«, fragt Jubelinchen.
»Toll, lief der im Garten herum?«
»Nein«, sagt Oma, »auf dem Speicher.«
»Wie traurig«, ruft Jubelinchen, »ein Esel
auf dem Speicher.
Wie ist er denn die Treppe hochgekommen?«
»Opa hat ihn nach oben getragen«, sagt Oma.
»Er ist immer noch dort.
Komm mal mit.«
Jubelinchen rennt vor Oma die Treppe
zum Speicher hinauf.
Sie schaut sich um ...
»Wo steht er?«
»Hier«, sagt Oma.
Sie zeigt auf ein hölzernes Gestell mit drei Beinen.
Ein Bild von einem Esel steht darauf.
»Der ist ja gar nicht echt«, ruft Jubelinchen
enttäuscht.
»Aber Opa hat ihn selbst gemalt«, sagt Oma.
»Er ist oft mit seiner Staffelei ins Freie gegangen.

Praktisch, nicht?«
Jubelinchen schaut sich die Staffelei an.
»Opa war aber ein ziemlicher Schmierfink«,
sagt sie nach einer Weile.
»Die Staffelei ist voller Farbspritzer.
Darf ich auch ein Bild auf der Staffelei malen?«
»Natürlich«, sagt Oma.
»Darum zeige ich sie dir ja.«

Oma nimmt das Bild mit dem Esel von der Staffelei
und legt es auf den Tisch.
Dann nimmt sie eine Banane aus der Obstschale.
»Kannst du die malen?«
»Babyleicht«, antwortet Jubelinchen.
»Und den gelben Apfel mit der faulen Stelle?«
»Ist doch ganz einfach«, sagt Jubelinchen.
»Darf die Farbe hier auf dieses Brett?«
Erst nimmt Jubelinchen die gelbe Tube.
Und dann rührt sie etwas Braun und Schwarz
durcheinander.
»Wofür ist das?«, fragt Oma.
»Für die faule Stelle«, antwortet Jubelinchen.
»Ich tue auch noch etwas Weiß dazu.«
»Und ein bisschen Rot«, sagt Oma.
»Dann wird die Farbe etwas wärmer.«
Jubelinchen drückt etwas zu fest auf die Tube.
Ein großer Klacks schießt heraus.

Sie muss lange rühren, bis das Rot gut vermengt ist.
»Das ist viel Farbe für eine so kleine faule Stelle«,
sagt Oma.
»Aber es ist eine wunderschöne Farbe.
Kastanienbraun.
Das war früher meine Haarfarbe.«
Jubelinchen malt zuerst die Banane.
»Sehr schön«, sagt Oma.
»Geht das nicht prima mit so einer Staffelei?«
»Mmmm …«
Jubelinchen hat keine Zeit, sich zu unterhalten.
Der Apfel bekommt einen etwas zu großen faulen
Fleck.
Aber sonst stimmt es genau.
»Prächtig«, sagt Oma.
»Vor allem das Braun.«
Sie fährt sich mit den Fingern durchs Haar.
»Soll ich noch ein Bild malen?«, fragt Jubelinchen.
»Ich habe noch so viel Braun.
Oder soll ich etwas anderes anmalen?
Vielleicht … ähm …«
Sie schaut sich im Zimmer um.
Der Tisch ist schon braun.
Und das Bücherregal auch.
Und dann sieht sie plötzlich Omas Kopf.
»Ich hab's«, ruft sie.
»Deine Haare!«

»Was?«, fragt Oma.
»Die waren früher doch kastanienbraun«, sagt
Jubelinchen.
»Ich werde deine Haare färben!
Dann weiß ich, wie du früher ausgesehen hast.«
Jubelinchen tunkt den Pinsel in die Farbe.
Und bevor Oma sich wehren kann, hat sie bereits
einen Klecks auf ihrem Kopf.
»Was machst du da?«, ruft Oma.
»Pass auf, meine Bluse ...«
»Stillsitzen«, sagt Jubelinchen, »sonst klecker ich
noch auf deine Kleider ...«

Oma will aufstehen, aber dann überlegt sie es sich anders.

»Ach, mach ruhig weiter. Färb mich mal jung.

Was soll's.

Es ist Wasserfarbe und morgen habe ich sowieso einen Termin beim Friseur.«

Jubelinchen färbt eine Strähne nach der anderen.

Kastanienbraun und gelb.

Die Strähnen stehen steif von Omas Kopf ab.

Sie hat nicht genug Farbe für das ganze Haar.

Aber es wird trotzdem schön!

»Fertig«, sagt Jubelinchen, als keine Farbe mehr auf dem Brett ist.

Oma geht zum Spiegel.

»Ist es nicht schön?«, fragt Jubelinchen.

Oma schüttelt den Kopf.

»Mannomann«, sagt sie, »es sieht schon sehr seltsam aus.

Wie ein Vogelnest …«

»Aber die Farbe ist gut«, sagt Jubelinchen.

»Das schon«, lacht Oma.

»Aber früher sah ich Gott sei Dank doch etwas anders aus.

Bist du damit einverstanden, dass ich mich kurz dusche?«

»Na klar«, sagt Jubelinchen.

»Ich bleibe solange beim Esel.«

Jubelinchen legt ein Ei

»Zeit zum Schlafengehen«, sagt Oma.
»Wir gehen nach oben.«
»Ich schaue noch einmal nach Schaline«, sagt
Jubelinchen.
Sie läuft zum Tisch.
»Immer noch nichts«, brummt sie.
»Schon wieder kein Ei.
Blödes Vieh!«
Sie gibt der Kiste einen Stoß.
Schaline zieht erschrocken den Kopf ein.
»Ich glaube, dass sie es nicht versteht«, sagt Oma.
»Wenn ich ein Kalkei in dein Bett lege, legst du doch
auch keine Eier.
Und vielleicht ist Schaline noch zu jung,
um Mutter zu werden.
Oder es ist vielleicht doch ein Männchen ...«
»Nein!«, ruft Jubelinchen.
»Sie hat einen Schlitz.
Ich habe es selbst gesehen.«
»Schildkröten sind aber anders als Menschen«,
sagt Oma.
»Wir können uns natürlich irren ...«

Jubelinchen starrt auf das Kalkei.
Der Bauer hält seine Hennen zum Narren,
denkt sie.
Und mich auch!
So ein Ei hilft nicht.
Aber warte mal …
Ich werde Schaline ein bisschen helfen.
Oma darf es nicht sehen.
Es soll eine Überraschung werden.

Jubelinchen kriecht leise aus dem Bett.
Sie klemmt Sonja fest unter den Arm.
Oben an der Treppe bleibt sie stehen.
Totenstille.
Sie hört, dass Oma fertig ist mit Spülen.
»Jetzt schließt sie den Schuppen ab«, flüstert
Jubelinchen Sonja ins Ohr.
»Und dann läuft sie noch eine Runde durch den
Garten.
Wir müssen uns beeilen.«
Kurz darauf hört Jubelinchen die Küchentür
zuschlagen.
»Jetzt!«, zischt sie.
Und sie rennt die Treppe hinunter.
Reißt die Kellertür auf.
Nimmt die Schachtel.
Holt ein Ei heraus.

Schachtel zurück. Tür zu.
Ins Zimmer.
Schnell zu der Kiste.
Das Ei neben das Kalkei.
Aus dem Zimmer.
Die Treppe hoch.
Schnell ins Bett.
Unter die Decke.
Fertig!

Jubelinchens Herz pocht wie wild.
»Pff«, seufzt sie, »geschafft.
Oh Sonja, es hat geklappt!
Endlich hat Schaline ein Ei.
Ich habe es gelegt.
Niemand weiß es – nur du allein.
Und du kannst es niemandem erzählen.
Denn du sprichst nur mit mir.«

Oma hängt die Schlüssel an den Nagel.
»Schlaf gut«, hört Jubelinchen sie unten an der
Treppe rufen.
Aber sie gibt keine Antwort.
»Es ist besser, wenn Oma denkt, dass wir schlafen«,
flüstert sie Sonja ins Ohr.

Oma hängt die Schlüssel an den Nagel.
»Schlaf gut«, ruft sie unten an der Treppe.
Sie wartet auf eine Antwort, aber
sie bekommt keine.
Die ist aber schnell eingeschlafen, denkt Oma.
Das kommt nicht so oft vor.
Oma geht in das Zimmer.

Jubelinchen hört, wie die Zimmertür
ins Schloss fällt.
»Pass auf, Sonja«, flüstert sie.
»Gleich schaut Oma nach Schaline.
Und dann sieht sie das Ei und dann
wird sie mich rufen. Wetten?
Dann dürfen wir aufstehen und dann feiern wir.
Horch, Oma macht schon die Musik an ...«

118

»Hallo, Schaline«, sagt Oma.
»Schläfst du auch schon?
Noch ein paar Tage und dein Frauchen, die Trude,
ist wieder zu Hause.
Soll ich ein bisschen Musik machen …?«
Plötzlich bleibt Oma stehen.
Sie läuft zum Tisch, schaut noch einmal genau hin
und dann muss sie furchtbar lachen.
»Schaline«, kichert sie.
»Was für ein enormes, was für ein unglaublich
großes Ei!«

Jubelinchen wartet.

Und wartet.

»Warum schaut Oma nicht nach Schaline?«,
flüstert sie.

»He Sonja, sollen wir es ihr sagen?

Ach nein, dann weiß sie, dass wir es getan haben.

Oma, du Schussel! Schau doch in die Kiste!

Schaline hat endlich ein richtiges Ei …«

»Schaline, hast du das Ei gelegt, oder …«
Oma zeigt in die Höhe.
Sie holt die beiden Eier aus Schalines Kiste.
»Dieses Jubelinchen«, murmelt Oma.
»Sie will so gerne junge Schildkröten.
Darum hat sie dir ein bisschen nachgeholfen.
Vielleicht muss ich das auch tun.«

Plötzlich fährt Jubelinchen hoch.

»Es ist ein echtes Ei!«, flüstert sie.

»Also kann es klappen!

Vielleicht sitzt in dem Ei ein Junges.

So ein kleines, gelbes Küken.

Von außen kann man das nicht sehen.

Eine Schildkröte und ein Küken …

Das finde ich sogar noch besser.

Dann ist Schaline nicht mehr allein.

Genau wie wir.

Komm, Sonja.

Wenn wir schlafen, geht es schneller.

Schlaf gut …«

Spät am Abend geht Oma leise nach oben.
Als sie sieht, dass Jubelinchen schläft, geht sie
wieder hinunter.
Sie öffnet die Kellertür.
Sie nimmt das letzte Ei aus der Schachtel
und geht ins Zimmer.
»Liebe Schaline«, flüstert Oma.
»Jubelinchen schläft wie ein Engel.
Du darfst mich nicht verraten, hörst du.
Es ist eine Überraschung.
Du bekommst noch ein Ei.«

Ein Ei, zwei Eier, drei ...

»Psst, Oma! Wach auf!«
Jubelinchen schüttelt Oma an den Schultern.
»Huh ... was ist los?
Was machst du?«
Oma blinzelt verschlafen mit den Augen.
»Ich kann nicht mehr schlafen«, sagt Jubelinchen.
»Ich glaube, ich habe etwas gehört.
Ein leises Plumpsen.
Vielleicht ist etwas mit Schaline.
Wir müssen nach ihr sehen!«
»Aber ...«
»Jetzt komm schon!«
Oma knipst die Lampe an.
»Aber Jubelinchen, es ist erst halb fünf.
Er ist noch mitten in der Nacht!«

Jubelinchen nimmt Omas Morgenrock vom Haken.

»Jetzt komm schon«, drängelt sie.

»Ich will es so gerne sehen.«

»Ja, ja«, sagt Oma.

Sie setzt sich auf die Bettkante.

»Immer mit der Ruhe.

Die Schildkröte läuft dir nicht davon.«

Jubelinchen macht das Licht an.

»Siehst du«, sagt sie, noch bevor sie bei der Kiste ist.

»Ich habe richtig gehört.

Schaline hat –«

Plötzlich bleibt Jubelinchen stocksteif stehen.

... *hat ein Ei gelegt*, wollte sie sagen.

Aber was ist das?

In der Kiste liegen zwei Eier!

»Zwei Eier«, murmelt Jubelinchen.

»Wie ist das bloß möglich?

Ich dachte ...

sie hat eins!«

»Na so was«, sagt Oma.

»Das ist mir aber eine, die Schaline.

Wer hätte das gedacht?«

»Ich ... ich nicht«, stammelt Jubelinchen.

»Nein, nicht wahr«, sagt Oma.

»Ich glaube, dass selbst Schaline das nicht

gedacht hat.«

Jubelinchen schaut sich die drei Eier an.
Das Kalkei vom Bauern ist weiß.
Und daneben liegen zwei gleiche hellbraune Eier.
Wie kommt das denn?, denkt Jubelinchen.
Hat Schaline …
Oder hat Oma …
Jubelinchen rennt aus dem Zimmer.
Reißt die Kellertür auf.
Nimmt die Eierschachtel.
Leer!!

Pfeil drei

Jubelinchen hängt auf dem Sofa.
Wie ein Putzlappen.
»Ich will etwas machen«, sagt Dirk.
»Ich ööm ... ich will ööm ...«
»Ich weiß was«, sagt Jubelinchen.
»Wir telefonieren!
Oma hat ein neues Telefon mit ganz tollen Tasten.
Wenn man zuerst auf den Pfeil drückt und dann auf
die Eins, dann hat man Trude dran.
Das macht das Telefon von selbst.
Ach nein, Trude ist im Urlaub.
Wen man mit Pfeil zwei anruft, weiß ich nicht mehr.
Aber bei Pfeil drei hört man den Doktor.
Sollen wir den mal anrufen?
Dann hast du was zu lachen.«
»Den Doktor?«, ruft Dirk.
»Bei dem hat man doch überhaupt nichts zu
lachen.«
»Doch«, sagt Jubelinchen schnell.
»Wir sagen nämlich:
Hallo Doktor, hören Sie:
Ich habe einen Buckel mit Tüpfeln.

Und dann legen wir sofort den Hörer auf.«

»Ja!«, ruft Dirk.

»Das machen wir. Oder wir sagen:

Wir wollen nie mehr eine Spritze.

Absender: Dirk und Jubelinchen ...«

»Nein«, sagt Jubelinchen.

»Dann weiß er sofort, dass wir es sind.«

Dirk geht zum Telefon.

Er nimmt den Hörer ab ...

»Eigentlich trau ich mich nicht.«

»Gib mal her«, sagt Jubelinchen.

»Da ist doch nichts dabei.

Er kann uns doch nicht sehen.«

Jubelinchen drückt auf den Pfeil.

Und dann auf die Taste mit der Drei.

»Was willst du sagen?«, flüstert Dirk.

»Ssst ...«

Dirk hält den Kopf ganz nah an Jubelinchens Kopf.

Das Telefon klingelt viermal.

Plötzlich hören sie – sie erschrecken ein bisschen:

»Guten Tag, hier Praxis Doktor Rotenburg.«

Jubelinchen antwortet nicht.

»Hier Praxis Doktor Rotenburg.

Wer ist dort bitte?«

Jubelinchen gibt noch immer keine Antwort.

Aber plötzlich – es geht wie von selbst – sagt sie mit
krächzender Stimme:

»Sie haben sich verwählt.«

»Oh, entschuldigen Sie bitte«, antwortet die Sprechstundenhilfe.

»Aber … ich habe doch überhaupt keine Nummer gewählt.

Sie haben mich angerufen!

Wollen Sie mich veräppeln?«

»Pfeil drei, tüüt tüüt tüüt«, ruft Jubelinchen.

Sie wirft den Hörer auf das Telefon und fängt laut an zu lachen.

»Ist das nicht ein lustiges Spiel?

Sie errät nie, dass ich das war.«

»Wenn sie schlau ist, schon«, sagt Dirk.

»Du hast dich nämlich verraten.

Du hast gesagt: Pfeil drei.

Und Pfeil drei gehört zu Omas Telefon …«

Oma-Kuchen

Jubelinchen und Dirk gehen Eier kaufen.
Sie rennen in den Supermarkt.
»Der Zettel hängt immer noch da«, ruft Dirk.
»So, da seid ihr ja wieder«, sagt der Junge hinter der
Kasse.
»Hat es geklappt?«
»Ja«, sagt Jubelinchen.
»Schaline hat zwei Eier und ein Kalkei.
Hat es bei dir auch geklappt?«
»Was meinst du?«, fragt der Junge.
»Was soll denn geklappt haben?«
»Du hast doch auch eine Freundin gesucht.«
Der Junge starrt Jubelinchen mit offenem Mund
an.
Er murmelt etwas vor sich hin.
Aber bevor er richtig Antwort geben kann, hören sie
tack tack tack tack ... auf den Fliesen.
Das Mädchen mit den roten Haaren steht wieder
an der Kasse.
Der Junge dreht sich schnell um und geht ihr
entgegen.
»Ist das deine Freundin?«, ruft Dirk.

»Sie kauft hier aber oft ein.«
Der Junge bekommt einen knallroten Kopf.
Und das Mädchen auch.
Es passt gut zu ihrem Haar.
»Sst«, zischt Jubelinchen.
»Die sind verknallt.
Das kann doch jeder sehen!«
Sie reißt den Zettel vom Anschlagbrett.
Dann nimmt sie Dirk an der Hand und zieht ihn
aus dem Supermarkt.

»Das hat aber lange gedauert«, sagt Oma.
»Wo sind die Eier?«
»Ups! Vergessen!«
»Ups vergessen?«, sagt Oma.
»Erst bleibt ihr stundenlang weg.
Und dann vergesst ihr auch noch die Eier.

Was soll ich jetzt machen?
Morgen kommt Trude aus dem Urlaub.
Und ich habe ihr versprochen, dass ich einen
Kuchen backe.«
»Einen Oma-Kuchen?«, fragt Dirk.
»Mmmm, lecker.«
»Von wegen lecker«, sagt Oma.
»Ohne Eier kann ich keinen Kuchen backen.«
»Wir können noch einmal zurückgehen«, sagt
Jubelinchen.
Oma schaut auf die Küchenuhr.
»Zu spät«, sagt sie.
»Es ist schon halb sieben vorbei.
Die Geschäfte sind zu.
Das war's dann wohl.
Ach, so ein Mist!
Jetzt kann ich Trude nichts zum Kaffee anbieten,
wenn sie Schaline morgen abholt.«
Schaline?, denkt Jubelinchen.
Schaline …?
Sie geht ins Zimmer und läuft zu der Schildkröte.
»Schade«, sagt sie.
»Aber es muss sein.
Du brütest sie ja doch nicht aus!«
Sie nimmt die zwei hellbraunen Eier.
»Oma, nimm diese hier.
Ich will doch lieber einen Hund!«

Antoinette Baker

Trip und Trap, die Wandertrolle

Aus dem Schwedischen
von Kristin Schäfer
Mit Illustrationen von
Ronald Heuninck
124 Seiten, gb.

Aus der Heimat der Trolle, Skandinavien, kommt
diese Erzählung von Trip und Trap. Die beiden gehören zur Gattung der Wandertrolle und ziehen jeden
Sommer umher, um dann die strengen Winter an einem liebenswerten Ort zu verbringen. Von einem
dieser Winter erzählt die Geschichte, und Trip und
Trap sind beileibe nicht die einzigen Fabelwesen;
da leben Zwerge neben den vielen Tieren des Wal-
des, Elfen und sogar eine Moorhexe, und wie im Märchen sind sie alle mit menschlichen Eigenschaften
ausgestattet.
Es gibt eine Menge Abenteuer zu bestehen!

URACHHAUS

Evamaria Kühn

Die Abenteuer
der Spinne Seraphina

100 Seiten, 11 Zeichnungen
der Autorin, gb.

Eine kleine Spinne fällt vom Balkon eines
Wohnhauses, wo sie mit ihrer Mutter und vielen
Geschwistern zwischen Topfblumen und einem
Tomatenstock gelebt hat. Sie landet direkt auf
einem Möbelwagen, der mit ihr davonfährt, und
dabei kann sie noch nicht einmal einen Faden
spinnen! Ein Glück, dass sich der Rabe Balduin
ihrer annimmt und ihr die Spinnenkünste und
manches andere beibringt.

URACHHAUS

Günther Lang

Die Geschichte von König Schalomir, Prinzessin Amina und Micha, dem Schusterjungen

Mit Illustrationen von Christiane Lesch. 123 Seiten, gb.

Schusterjungen küsst man nicht, wenn man eine Prinzessin ist. Oder doch? Nun, wir wollen mal ein Auge zudrücken. Denn das große Abenteuer nimmt damit seinen Anfang: Micha kriegt einen gefährlichen Auftrag. Er soll im Nachbarland Digitanien Frieden stiften. Die Prinzessin lässt ihn nur ungern ziehen, denn sie ahnt, welche Gefahren ihn dort erwarten. Ein modernes Märchen, spannend und humorvoll erzählt.

URACHHAUS

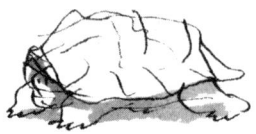

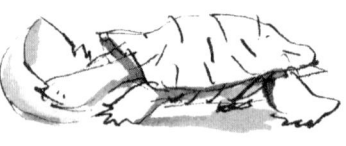